U0041372

你值得
更好的夢想

從精準轉職到不離職創業，做自己夢想的創作者

思莛（S編）　著

各界推薦

Audrey 電商人妻

Anne｜女力心聲 Podcast 主持人

BetweenGos 職場才女社群共同創辦人 Grace

外商品牌經理人 Louis

麥可｜麥可故事貿易公司

陳暐婷（野羊）｜野放上班族作者

曾彥菁｜《有一種工作，叫生活》作者

「這本書展現了 S 的勇氣與積極爭取心之所向的人格特質，也分享了自身經歷並結合斜槓工作者、個人品牌經營者的經營策略。雖然這些並非多數人能獲得的職涯經驗，卻也能激發新鮮人或迷惘的職場工作者，回想自己過去的工作經驗與利基點，規劃出屬於自己的職涯道路。恭喜 S 編出書！」

—— Audrey 電商人妻

想得太多，做得太少都是枉然

—— BetweenGos 職場才女社群共同創辦人 Grace

　　夢想，說起來有點崇高，為了降低伴隨而來的壓力，我們姑且稱它為「想做的事」好了。在我們心底深處，一定都有些夢想 a.k.a.「想做的事」；有些可能是小時候的興趣，有些可能是對未來的憧憬，有些可能是在別人身上發現的嚮往。但往往就在我們即將踏出關鍵第一步的時候，有些聲音阻止了我們。

　　「我真的可以嗎？」

　　「做這個好像賺不了錢……」

　　「市場上已經好多人在做了，我一定贏不過他們，還是算了……」

　　於是，這些「想做的事」很常隨著時間被我們淡忘，甚至害怕再去想起來，彷彿它是某種童年時的玩笑，不值得一提。但世界上更存在著一群人，正是因為做著想做的事而發

著光的。S 編就是其中一位。

S 編在書中用自身的經驗和故事，讓我們跟著她的腳步勇敢了起來：從西班牙以小搏大的海外工作歷險記，到回臺灣遇到的職場不適應和轉折，再到創立自己的個人品牌，成為社群顧問。讀著她勇敢追夢的過程，同時也被感染了動力和熱情。

很多人都在說著：現在，是最好，也是最壞的時代。隨著個人品牌的崛起，看似處處是機會，伴隨而來的當然也有比較、躊躇、失落等情緒。但若我們能排開這些負面的情緒、擁抱機會，是不是就能走出一條更開闊的道路？

如果現在的你想到了一些「想做的事」，不妨問問自己：這件事情如果現在不做，十年後的我會不會後悔？

答案也許呼之欲出。

推薦序

活出那獨一無二屬於你──更好的夢想

──女力心聲 Podcast 主持人 Anne

　　還記得我第一次和 S 編線上通話的那天，滿心期待地邀請她來上女力心聲 Podcast 訪談。我當時正和家人在花蓮旅遊度假，無論如何都要想辦法騰出 30 分鐘的時間好好自我介紹，說明為什麼要邀請 S 編上節目分享她的經歷和人生故事。沒想到這一通 30 分鐘多的電話，我感覺和 S 編一拍即合。通話前的我，欣賞她在 IG 上做的內容和提供的社群顧問服務；通話後的我，更是欽佩她專業的經驗值和「為生活而工作」的人生觀。

　　自從 Podcast 專訪合作後，我們開始時時保持聯繫；只要知道她有北上到臺北的行程，一定會排出時間好好相聚，討論彼此近期的新企劃、新活動、新發現等。這段時間下來我看著 S 編運用她的專長，不斷的鼓勵、引導、提拔來自四面八方、不同背景的人。只要這個人有上進心、積極學習，她都毫不私藏地教授給對方。而我也深深相信，S 編撰寫這本書的當下，更

是抱持著這樣的心，每一篇、每一頁逐字寫出她過往所經歷、所學習、所體悟的種種現今世代的人生道理。

　　當我拿起這本《你值得更好的夢想》，與 S 編重溫她在墨西哥與西班牙種種回憶，讀著讀著自己也透過文字感受這些新奇又從未體會過的經歷。欣賞這一篇篇精彩故事的同時，我也收穫著 S 編在書中解析整理過去將近十多年的經驗值。從最根本的認識自我，接著是職涯規劃、自我成長，甚至是創業／自媒體經營知識精華，都完美地與她的人生故事結合在一起。

　　如果你正在讀著這篇推薦序，正在思考著該不該把這本書從頭到尾看完，我現在要非常誠懇地和你說：S 編的這第一本書帶著滿滿的能量，這能量帶她走出與死神交手的痛心經歷、勇敢的應對種種關卡與挑戰，且一步一腳印的邁向她的夢想人生。請你別客氣，一字一句滿滿地吸收這股能量。它將帶你走出迷惘、帶你重新檢視生活態度、帶給你開始做出改變的方法，並帶給你力量活出那獨一無二屬於你──更好的夢想。

你每次的迷惘，都是邁向更好夢想的契機

——麥可故事貿易公司 – 麥可

　　時間回到 2020 年 2 月，一場意外讓我腳骨折無法行走，需在家休養一個多月，卻也讓我在那時候意外認識了 S 編（思荮）。在加入她經營的臉書社團「創作者爆米花計畫 PPCC」，很快地在 messenger 開啟了我和 S 編的第一次對話，並在認識短短 5 分鐘不到，就敲定了首次合作，她邀請我上她的直播節目《讓思想去旅行》，而我則採訪她的職涯故事寫成文章。

　　當時我對 S 編的第一印象是行動力超強，在第一次聊天就能馬上敲定合作內容與日期、工作能力超強，從西班牙回國工作後，能在險惡的臺灣職場，一年內無縫接軌換了三份工作，工作還越換越好、勇於追尋夢想，離職創業成為臺灣第一位專屬自媒體的社群顧問。但，現在看似人生勝利組的她，在大學以前比多數的我們還要更加平庸。成績一般、才藝普普、參加比賽也不太會得名，更不用說知道她未來的志向是什麼，且即使在大一夜唱完回程的路上，經歷一場與死

神擦身而過的車禍，也沒讓她人生從此轉彎，反而讓她的夢想只剩好好當個「普通人」就好，不追求任何挑戰，只求能平安又平凡地度過一生。

是什麼樣的契機讓曾經夢想當一位普通的平凡女子，一步步變成現在勇於挑戰的夢想拓荒者、年輕人職涯迷惘時的燈塔、創作者最依賴的社群顧問？S 編將她一切蛻變的過程，都鉅細靡遺不藏私地寫在這本書裡了，且書中內容不只是停留在心靈成長，更是在每個章節都結合她精彩的職涯故事，延伸出能讓大家實際應用在職場的實用心法。現在迷惘的你，看完這本書能重新找回夢想、停滯不前的你，更能幫助你找到夢想前進的方向與動力，這本書真心推薦給所有相信自己值得更好夢想的你。

一年前我寫下 S 編在墨西哥工作，追尋夢想故事的冰山一角，即轉載登上《LINE TODAY》官網的首頁焦點文章，一年後她的完整故事終於將與大家分享，看完書當下我只能說：「後悔接下 S 編的推薦序邀請，在 2021 年的一開始，就要開始擔心今年再也看不到比這更好看、更具啟發性的夢想實踐指南書。」

2021.01.09

你有夢想嗎？我們最大的遺憾就是「很懂工作，卻不會生活」

——野放上班族作者　陳暐婷（野羊）

　　勤勞的習性，是華人的優點。而我們最大的遺憾就是，「很懂工作，卻不會生活」。

　　其實人生並不僅限於你要「做什麼工作」、「賺多少錢」。更多的是在於，你想成為什麼樣的人，怎麼生活、怎麼去體驗這個世界，怎麼去感受身邊的美好。而這本書將會帶著你，找到專屬於自己的夢想。

　　你可能會說：「每個人都要有夢想嗎？不一定吧？」。但擁有夢想的人，肯定會閃閃發光。給自己機會，去尋找夢想、探索那些所有你想做的事情、想過的生活，然後好好擁抱他們，你會體驗到一種前所未有的幸福。

　　生命無常，下一秒會發生什麼事誰也無法預料。為什麼我們總是在「為了活著拼命掙扎」，卻從未想過要「為了死亡用力精彩」呢？好在「生命的意義」從來就不在其「長度」，而在其不受限制的「廣度」上。

如果不必考慮「賺多少錢」、不用顧及「旁人的眼光」和「社會的價值觀是否欣賞」。你會想做什麼呢？你還會繼續現在的工作與生活嗎？如果生命只剩下最後一天。除了人生長短之外，你還有什麼未完的心願嗎？跟隨著本書的文字，一起展開探索的旅程吧！

我所認識的作者──思莊（S編），是一位不可思議的勇敢女孩，也是我所見過對於夢想「實踐力」最強的奇女子。她不會說「我好想要XXX，但是好像很難呢！」而是告訴你「我要做XXX了喔」然後就直接去做了，而且結果總是令人驚嘆不已。那個事前的許願，彷彿是宣告式的，只是用來告訴世界「我來囉～！」

在墨西哥職場一人大戰二十幾個流氓警察、回臺灣工作不怕慣老闆的堅持自我，出來個人創業也從來就不理會周圍那些無聊的質疑與限制。發現原來市場上，還沒有「專屬於自媒體的社群顧問」啊？那就成為史上第一位吧！

她總是這樣無所畏懼。而她的人生，也像她所寫的書一樣精彩！

這本書用好多好多的親身故事和有趣案例，來分享那些充滿啟發性、足以改變讀者一生的事情。讓人讀得津津有

味！你拿在手上沈甸甸的，不只是一部高潮迭起的職涯人生冒險故事，更是一本能教會你如何尋找夢想、感受幸福的書。

你們相信嗎？當「有趣的靈魂」和「有趣的靈魂」相遇時，是會互相碰撞、激盪出溫暖的火光的。相信在你的心靈深處，一定也住著一個有趣的靈魂。讓它出來看看世界吧！希望讀完這本書之後，你們也會和我一樣，被裡面的故事給感動，被閃耀的夢想給點亮。

其實啊，人生就像是一場出自上天之手、規模空前、設計無比精緻的大型遊戲。不好好的玩、好好的欣賞路途中的風景，不是太可惜了嗎？好的、壞的，都是遊戲裡的一部分，就帶著夢想給的勇敢，去擁抱它們吧！

CONTENTS

前言

放下批判，踏上找尋自我的旅程

曾幾何時，你是否也懷疑過自己，不曉得自己能為這個世界貢獻什麼樣的價值？為自己的「平庸」感到無力徬徨，像是飄盪在溪流上的木筏，找不到方向、一路跌跌撞撞？如果你聽過我的故事，或者你是透過社群認識、追蹤我的忠實粉絲，絕對很難想像我也曾經這樣迷失過。

從很久以前年紀還小，大約國小、國中的時候開始，我就一直不斷在「找尋自我」，思考著自己是誰、喜歡什麼、想做什麼、適合做什麼，卻總是摸不著頭緒、找不到解答──因為我真的太普通了。不管任何考試、比賽，我絕對都不會是最厲害的那一個，但又絕對不會差到墊底。

例如：我喜歡寫作，卻總是拿不到第一名；我喜歡畫畫、設計，但也沒有大師級的天賦。媽媽似乎隱約知道我喜歡「創作」這件事，於是便送我去補習班學習手繪、美術製作，以及各種設計軟體的課程。

　　但偏偏我恨透了所謂的「補習文化」——很早以前我就意識到：那種像是集體洗腦的教學模式大有問題。即使爸媽願意花錢讓我去進修，試圖將我的興趣變成專長，但也因為在這種教學氛圍下產生的不適感，讓我下意識抗拒繼續學習。在沒有人告訴我該如何找到自己的狀況下，放任自己尋找興趣、決定進修，再到選擇退場的劇情也一而再、再而三地上演，這讓我真的慌了。

　　這對一個很早就開始探索自我的孩子而言，絕對是無比的折磨。每當我認為自己終於找到一個除了念書之外的興趣，像是在木筏上好不容易找到支撐自己前進的划槳，卻總在啟航時再度失去方向。長期下來，我已經開始疲乏，雖然知道自己潛意識裡不想按照這社會寫好的劇本走，也不甘做一個普通人，卻找不到方法掙脫。

　　可能真的是心有不甘，我在國三考高中那年決定大玩特玩。因為不知道自己的人生和他人相比究竟有什麼不同，我只好用自己任性的方法試圖擺脫這套讀書考試、上大學、找

工作的框架。

　　就這樣，我一路當一個廢柴，到考大學時都還不清楚自己喜歡什麼，只知道自己不喜歡任何與數理相關的科系。我在志願表上一樣耍了點小任性，因為不想要太「普通」，除了當年多數臺灣人必選的英日文外，我在整張志願表上一路填滿各種外語科系，最後就這樣誤打誤撞地進了靜宜大學西班牙語系就讀。

　　就和多數大學生一樣，我進入了一個自己不熟悉、也不知道是否真的是未來自己想發展方向的科系。當時的我甚至起了個念頭：「隨便啦，學分有過就好，我只是來這邊混一張大學的學歷罷了！」於是我從開學開始上課都在睡覺，能混就混、能翹課就翹課，像是一塊只會呼吸的肉，以最低標準在校園生活中求生存。

與死神交手後，我寧願當個井底之蛙

　　沒想到就在大一那年，我出了一場嚴重的車禍，差點撒

手人寰。

某天晚上宿舍門外傳來敲門聲，是我當時在系上較要好的一位朋友，她說：「妳等一下晚上有空嗎？我們準備要和資工系的同學去夜唱，要不要一起來？」

因為剛上大學的我也想多認識朋友，沒想太多就一口答應。大學生嘛，夜唱怎麼能少了啤酒？包廂的人來來去去，大家唱開了也喝開了，我們幾個女生喝得茫到不行，於是一位臺中在地同學就說要先送我們回女生宿舍休息。

當下每個人都注意力渙散，精神狀況也非常差，絲毫沒有察覺到這位擔任駕駛的同學到底喝了多少，只記得那時候他一直重複說著：「我沒醉，開車絕對沒問題的！」就這樣，我和另外兩位女性友人一上車就睡著，不省人事。

忽然之間，耳邊一直傳來前方駕駛不斷喃喃自語「對不起……我會負責……對不起」的聲音，我才恍惚地勉強睜開眼。我手摸著臉龐感覺一片濕潤，還以為是自己喝得太醉，

所以全身癱軟沒有力氣坐起來；當我稍微用力往後照鏡的方向一看，才發現：天啊！我的臉上滿是鮮血！環顧四周朋友們都在車內倒成一片，駕駛還是不斷說著抱歉，我還來不及搞懂這是夢還是現實，就又失去了意識⋯⋯。

不知道又昏睡了多久，我的眼前突然出現一片白光，傳來一陣陣吶喊聲：「小姐！快醒來！小姐！快醒來！」半夢半醒之間，我似乎被抬出車外上了救護車，護理師不斷在一旁提醒我現在的日期和時間、發生了什麼事、我現在在哪裡，她要我保持清醒不准再昏睡，更要我告知家人的姓名和聯絡方式，我擠出全身力氣回答了她一句「可以不要跟我爸媽說嗎？」就又昏迷過去了。

現在想起來，真的覺得當下的直覺反應很好笑！但實際上在那一瞬間，我的腦海閃過各種跑馬燈，不敢想像自己做了什麼蠢事，又很害怕爸媽知道會覺得失望、擔心，或是責怪我為什麼沒辦法照顧好自己？

從那一刻之後是怎麼進到醫院、發生了什麼事，這些記

憶都是斷斷續續，聽警察先生和朋友的描述後才拼湊起來的。我只記得自己被送到一臺巨大儀器掃描了全身，然後送到留觀室。並且得知，原來當時會出車禍，是因為在開往回學校的山路上負責開車的同學睡著了。在一個原本該大轉彎的彎道上，他直駛撞上對向車道的砂石車，使得整臺車子反彈到山壁上，扭曲變形全毀。

　　我連續三日不斷陷入昏迷，醒來時又彷彿殘廢一般。身邊同學、教官和朋友們輪番來照顧我，爸媽也特地南下到臺中，還代替我聽了警察先生一番訓話，我內心滿是愧疚，但又逃離不了那張病床，無處可躲。

　　「其他的同學還好嗎？」我問教官，他欲言又止地說：「嗯……妳已經是最幸運的那個，只有中度腦震盪，所以待在留觀室就可以了；但……另外兩位女生的其中一位，因為車子甩的方向剛好讓所有碎玻璃……哎，總之，妳一定認不出她了，她的臉到現在還沒消腫。」

「然後另一位同學因為坐在中間，受到外力擠壓所以鎖骨斷了……現在他們都在樓上的病房休息。」

聽到這邊我真的聲淚俱下，哭得無法自拔，內心除了不斷祈禱他們一定要痊癒之外，耳邊也響起了自責的聲音：「為什麼只有我是輕微的那一個？為什麼我不能一起分擔別人的傷痛？」

和死神真正擦身而過的我，其實和電視上報導的那些鬥士完全相反，我的故事一點都不勵志，更沒有因為這件事情變得更積極正向。那些排山倒海而來的愧疚感，反而讓我變得更加封閉，並且暗自下定決心：我的人生絕對不要、也不想追求什麼刺激還是挑戰，能更普通就更普通！我只求好好活著、平安就好。

在康復後，我又繼續一路荒廢學業到大二。在準備升大三那年，我的某位好友興沖沖地跑來問我：大三能不能陪她一起去西班牙當交換學生？

　　曾經歷過一場大車禍的我心想，天啊要出國耶！這完全是人生的高風險賭注——我不敢想像搭飛機這個過程會發生什麼意外？出國會不會遇到小偷或搶劫？一旦發生了什麼危險該怎麼辦？我絕對不能再讓身邊的人失望難過了！

　　於是我用家人當作藉口，打算推辭這位同學的請求，但她仍不放棄，試圖用各種理由打動我，例如：這一生只有一次機會、難得可以出國一起玩等等。然而我心裡出現的只有各種發生危險的可怕畫面，在僵持不下半小時後，她只得說：「好啦，那不然妳現在打給妳爸問看看，如果他真的不讓你去的話，我就放棄不煩妳了。」

　　就這樣，我莫名其妙撥了通電話給我爸，莫名其妙問了他：「我大三可以去西班牙交換嗎？」沒想到爸爸竟然回答我：「喔好啊，可以呀。」

　　這一切都發生得太快，我瞬間脫離最普通的人生劇本，活生生地從密封罐裡被拖拉出來面對這個真實世界，去了西班牙。

　　如果這位同學妳剛好看到本書的話，我要由衷感謝妳當初盛情的邀請，改變了我的一生。

找回生命的意義，不再批判自己

　　西班牙是一個處處充滿熱情的國度，熱情到我覺得真的太不可思議。那時候還不流行智慧型手機，我有件印象非常深刻的事：有次我要去同學家結果迷了路，只得站在路邊打開紙本地圖查找；但身為路痴的我根本看不懂，外加上當時的西班牙文還很破，我就這樣呆呆地站在路邊十來分鐘，你一定不敢想像這十幾分鐘發生了什麼事！

　　第一位太太走過來詢問我要去哪，接著另一位太太、奶奶、先生，整條街的人幾乎都聚集過來，包圍到我快看不到周圍的視線，試圖想要幫助這個迷途羔羊找到方向。原先我還以為自己遇上了扒手集團，直到其中一位阿姨受不了，幫我叫了一臺計程車陪我前往目的地後，我回過神來才發現身上的貴重物品其實都沒遺失。這樣的事件也不只發生了一

次，讓我不禁驚嘆西班牙人的熱情與好客真的不輸臺灣人。

某天晚上，身為大學教授的寄宿家庭媽媽和我一起看電視時，拿著她最近看過的書還有電影和我分享，順口問了我平常真正的嗜好是什麼？未來想成為什麼樣的人呢？

我思考了很久，似乎想不到一個最完美的答案，於是隨口回她：「我未來也許會想當導遊，或當翻譯吧？目前還想不到，不過希望是可以運用在學校學到的西班牙文做點什麼。」

這樣的回答對在亞洲生活的人們幾乎是種標配，看到這邊你一定也不覺得有任何異樣對吧？而我也沒想到，這位西班牙媽媽竟然對我的回覆大感驚訝。她說：「我沒有想過妳會回覆我要從事什麼樣的職業呢！通常我們可能會說，想成為『一個可以不斷傳遞知識的人』、『享受美食也創作美食的人』，又或者是『受人尊敬、有影響力的人』。」

我沉思了非常久，不懂這樣和我回答一個「職業」有什麼差別，她繼續說道：「其實我們常聽說亞洲國家比較重視

賺錢和工作，對大多數亞洲人的印象就是『為了工作而活著』（Vivir para trabajar.），不過我們西班牙人則是**『為了生活才去工作』**（Trabajar para vivir.），希望妳在這一年可以好好體會這句話唷。」

在那瞬間，我的內心好像有某種東西被觸動了。長期處於傳統教育體制的框架之下，我們總將職業和身分和「你是怎麼樣的人」劃上等號，在無形之中成了一種標籤；當別人問及自己未來想成為什麼樣的人，就會下意識與「職業」做連結，卻忘了思考「自我的本質」。而因為這番談話，也讓我決定不要一直仰賴寄宿家庭，在第二個月後便搬出去，用我的雙腳和雙眼去好好體驗西班牙媽媽口中所謂的「生活」是怎麼一回事。

此時，我才真正開啟一段自我探索、體驗人生的旅程——第一次在國外到處撕路邊的租屋資訊然後瘋狂打電話給房東，但因為西文太爛還被當作瘋子；第一次和世界級音樂家到他家的酒窖博物館一起喝酒、唱歌跳舞到天亮，甚至還受邀到他的萬人演唱會上擔任嘉賓；第一次和藝術老師到

各個堡壘、教堂、美術館學習如何看懂建築藝術、世界名畫與街頭藝術；第一次遊走在一個城市間，因為它的美而捨不得搭乘大眾交通工具⋯⋯。

我這時才終於醒悟：這個世界還有很多很多「美好的事物」等著我去發現、去體驗，雖然我們的軀殼只不過是靈魂的載體，但如果人的一生只有一次，就不應該是小心翼翼地保護這個生命體，而是要讓它盡情大放異彩，將地球的所有美好事物盡收眼底才是！

同時，我回想起小時候堅持找到興趣、不想只當個普通人的初衷，西班牙的熱情融化了我原本封閉的外殼，賦予了我接受人生挑戰的勇氣。

接下來的篇章，我將透過分享每一段在不同國家、不同職場環境親身經歷的小故事，告訴大家我是如何擺脫「自我懷疑」和「自我設限」的匱乏心態，又是如何一路上為了追求目標跌跌撞撞，從一個普通的平凡女生蛻變成夢想的拓荒者。

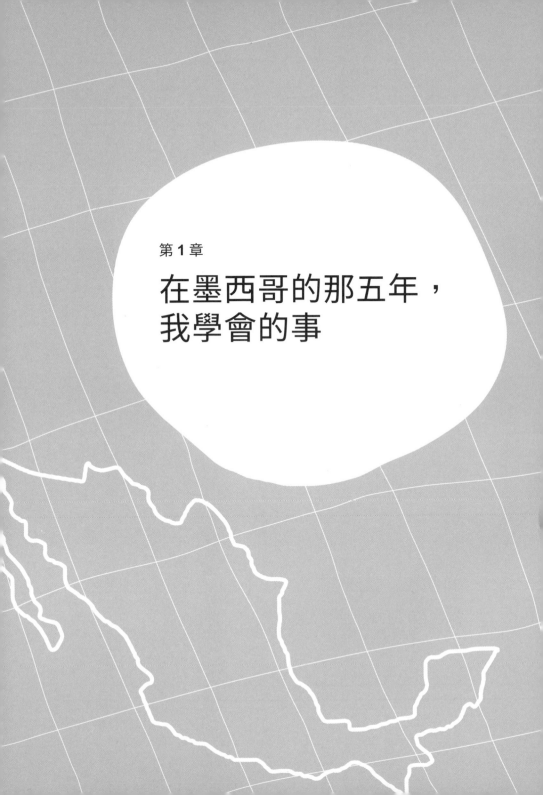

第 1 章

在墨西哥的那五年，
我學會的事

1-1　無所畏懼，從零開始

在每個人生階段，我們都常會被問到：「你的人生目標是什麼？」

尤其是準備畢業，即將踏入職場之際，絕對逃不過這個問題，彷彿一定要說個宏大的志願，才能真正符合整體社會或身邊親朋好友的期待。同儕比較的壓力也可能是原因之一，醫學系學生可能會說人生目標是到臺大醫院工作、資工系學生會希望到鴻海工作，而我身邊的朋友也都無一不企盼躋身上市上櫃的大公司，即使是當個普通業務或行政人員也無妨。無論這是不是他們真正嚮往的工作，這就是普遍大眾的人生目標。

自從西班牙的人文風情徹底改變了我的人生觀，我早已發現這樣的思考有其盲點，也讓我始終對這個國家有一種說不上來的迷戀（又或者說是感激？）總之，我很希望有天能再回到西班牙居住、繼續體驗生活，這也成了我人生的終極目標；但在回到西班牙以前，我還想到其他西語國家走走看

看。

畢業後，我便以這個條件為前提，希望能進入外貿公司擔任西班牙語業務，期待能在工作學習商業技巧的同時，有機會到中南美洲各個西語國家旅遊。不料，自認為自己西班牙文還不錯的我，卻在求職時到處碰壁。每次面試我總是能輕易挺進第二、三關，整體而言也都和面試官們相談甚歡；但在一連投了一百多份履歷、面試了將近二十家公司竟都毫無音訊的情況下，我開始懷疑自己：「到底我和其他的面試者的差距是什麼？」

因為心有不甘，我開始當起偵探想找出真正的答案，提起勇氣撥打電話給面試過的幾家公司詢問自己未獲錄取的原因，發現打敗我的勝利者們都有一個共同點，就是「都曾經在國外工作過至少一年」。不過光從面試官的口中得知這些還不夠，我更進一步詢問大學教授和學長姐們，想確切了解大家剛畢業時都是從事哪種工作？果不其然，多數仍以西語為專長的前輩們，他們一畢業就會先找外派到海外的工作。原因在於：這類型職缺由於需要常駐國外，大多數職場老鳥

會因為感情或家庭因素難以配合，或是因為年紀的關係而不想離開臺灣，因此年輕的應屆畢業生相對而言錄取機會要高得多。

在蒐集完情報之後，我馬上明白如果只會第三語言而沒有其他優勢，就難以脫穎而出。因為我會的西班牙文，別人也都會，但更多數人是喝過一兩年洋墨水才又回到臺灣求職，這個經驗儼然已是符合多數公司需求的必備條件，連這基本條件都沒達到的我根本毫無市場價值可言，當然屢戰屢敗。找到根本原因之後，我也更清楚自己下一步該怎麼做──我必須先到海外工作為自己提升「市場價值」，讓自己具備基本的競爭力。

就在明白了這個道理之後，我開始轉往投遞派駐海外的西語工作。很快地，我便獲得了一個到墨西哥當地臺商集團擔任臺籍幹部的機會。

墨西哥是個怎麼樣的國家呢？上 Google 搜尋關於這個國家的新聞和消息，盡是一些令人看了毛骨悚然的資訊，各

種毒梟殺害市長、市民如何被政府暴力殘害的新聞埋沒了這國家原有的豐富人文風情。身邊的朋友們一聽見我要到墨西哥工作，紛紛大吃一驚，然後再你一句我一句的嚇阻：「小心被毒梟綁架！」「妳有辦法活著回來嗎？」「女生獨自前往真的太危險了！」

但我心中感受不到任何的恐懼，雖然同時還有其他國家可以選擇，但我直覺非去墨西哥不可。不只是體驗人生、學習更多職場技能，我也想在獨自出國工作的這段期間，慢慢摸索除了自己除了會西班牙語之外還能做什麼？還喜歡什麼？

反倒是爸媽，似乎太了解這個女兒的牛脾氣，知道阻擋我也沒什麼用。媽媽除了默默支持外，也積極協助我了解這家公司和老闆的來歷；爸爸則是淡淡地問了我一句：「在臺灣真的找不到好工作嗎？一定要出國嗎？」我也平靜地回答他：「我不知道什麼是好工作，但我很相信這份工作是我想要的。」

　　從小家裡就讓我衣食無虞，讓我上好的私立學校、支持我出國唸書，一直到大學都還按月給我生活費；也正因為沒有吃過什麼苦，我完完全全是一個標準的月光族！這一次到墨西哥，我想靠自己的雙手重新歸零來過，盤點了一下戶頭裡只剩下六千多塊，我就帶著這僅剩的兩百美元，隻身踏上未知的國度冒險。

S 教授的職涯相談室①

Q：求職碰壁，如何建立自己的市場價值？

A：先達到基本條件，再挖掘其他潛能或興趣當作「特殊賣點」。

確切來說，到底什麼是市場價值呢？

我們可以想像整個求職環境就是一塊大市場，所有的人才就像是肉販，將自己的才能放在市場上掛牌販售；而這些求才的公司就是進來喊價挑貨的婆媽，他們都有一個共同的目的，那就是在一家攤位「花一次錢，就買到所有符合她需求的東西」，所以當每一個攤位賣的東西都差不多時，此時只要有一兩樣婆媽想買的基本款缺貨，就會立刻失去競爭力而被淘汰。

換句話說，「市場需求」其實就是這家公司在這個領域所需要的人才、技能或經驗，「利他優勢」則是泛指所有在市場上與你競爭求職的多數人所擁有的技能和經驗，而這些

剛好符合公司徵才需求的條件便是整個市場中具競爭力的市場價值，簡單來說，也是最基本的條件。如同這些和我一起應徵西班牙文業務職缺的人才，當大多數人都有「出國工作的經驗」，而此經驗也剛好符合公司徵才需求時，它就會成為求職必備的基本條件之一。一旦你缺少與他人競爭的市場價值，婆媽們就連看都不會看你一眼。

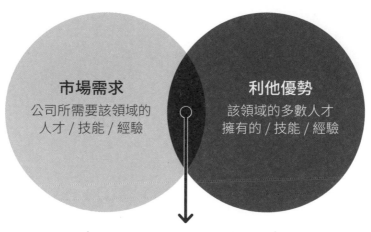

市場需求
公司所需要該領域的
人才 / 技能 / 經驗

利他優勢
該領域的多數人才
擁有的 / 技能 / 經驗

◈ **有競爭力的市場價值** ◈
（西文、海外工作經驗）

　　然而了解到市場價值的重要性之後，你是否也和我一樣發現了一個重要的思考盲點呢？那就是：「我也會的別人也都會，那我和其他人又有什麼不同呢？」要以什麼做為賣點，才能在眾多攤販中吸引這些婆媽的目光呢？這個疑問對於剛畢業的新鮮人應該很難有解答，但我也認為不需要太著急。在我的情況中，我決定先到國外工作個兩三年，並期許自己能在這段時間挖掘出其他潛能或興趣來做為個人的「特殊賣點」。

1-2　危險、貪腐、熱情，前所未有的文化衝擊

大多數人對於出國工作，都抱持著很大的幻想與憧憬，認為能在異國一邊旅遊度假、一邊工作賺錢是一件很棒的事。但不得不說，「出國工作」與「出國旅遊」還是有很大的不同。

出國旅遊只是短暫停留，你可以在有限時間內自主選擇想看的風景、想體驗的文化；但到國外工作就是要有「長期定居」的心理準備，你必須學會接受自己是外地人的事實，很多事情是無法自己選擇的，而且要嘗試去融入與配合當地文化，不能再用自己過往的人生經驗或思維去評斷這個國家。

在這五年，我看過許多臺灣人來到墨西哥後面臨各種生活與心理層面的不適應，即使會說西語，還是得花很長的時間去調適，甚至很多人撐不到幾個月就待不下去。墨西哥菜很少有清爽的蔬食料理，當地也沒有臺灣人喜愛的手搖飲店⋯⋯等等，光是飲食方面就有不少人無法接受。

交通方面先來說說地鐵。他們的地鐵文化非常特別，當地的小販會走進車廂裡叫賣，而且什麼都賣、什麼都不奇怪。最常見的就是背著一大臺音響，大聲播放音樂叫賣盜版 CD 的小販。更可怕的是，偶爾也會遇到看似吸毒的人背著一大袋碎玻璃，在地鐵哐啷哐啷行駛中將布袋攤開在車廂的走道之間，然後突然跳起來將背部往玻璃上一摔，再一個個和車廂上的人要小費。當然還有更多你想不到的叫賣，都有可能在車廂中發生。

這些對旅客來說也許格外新奇，但對於在當地通勤的上班族來說是一件非常折磨人的事，在叫賣聲下其實很難安靜做自己的事或補眠；更別說地鐵還是個處處充滿扒手的危機之處，絕對要時時刻刻保持警戒，否則一瞬間就可能成為待宰羔羊！慶幸的是當時的老闆很照顧臺灣員工，其實都有專屬的司機接送我們上下班，只有偶爾司機請假或是假日外出時，才需要自行搭乘公共交通工具。

許多旅遊部落客的文章中都曾提及要小心墨西哥的計程

車，尤其是女性千萬不要獨自搭乘。其實不管到哪個國家，女性在單獨行動時都要小心人身安全，在墨城比起地鐵，計程車已經相對安全許多。雖然我也曾「幸運」遇過精神狀況極度異常的司機，在超速失控的駕駛之下被勒索，但還好後來也機智逃脫成功。

不過最令人擔憂的還是墨西哥的治安環境。誰都無法想像，在臺灣被視為人民褓母的「警察」，在墨西哥竟然是過街老鼠般人人喊打的存在。因為警察本身薪水極低，更有所謂的高業績壓力，導致他們開始直接勒索平民百姓，而這樣的貪腐風氣已經成了在墨西哥天天幾乎都會遇到的日常，見怪不怪！

不同職別的警察之間，甚至也有所謂的階級生態。在市中心擁有數家連鎖店的我們，經常都會需要從總倉派車到店面來補貨。這些警察只要一看到貨車，就有如看見肥羊一般搶著要上前宰割；於是為了生存，我們便特地請幾個固定輪班的警察和他們談判，希望能以一天的貨車數量固定付小費給他們，條件則是：當其他不相干的警察上前勒索時，他們

必須「罩」我們，協助排解狀況讓我們能順利下貨。

初見此景時我大感不可思議，懵懵懂懂地跟在主管一旁慢慢學習這類談判技巧。後來我發現，生活在當地的臺灣人幾乎都早已對此事司空見慣，順利下貨之後便會用拇指將紙鈔按壓在手心中間，一邊向警察握手道謝、一邊順勢將鈔票塞入他手中——這個手勢到後來，也潛移默化變成了我的本能反應。

在墨西哥的第一年時間過得特別快，當時帶我的資深主管因為家庭因素必須返臺，雖然有許多在公司待了超過十年的資深墨籍幹部，但因為曾發生過不少墨西哥老員工偷貨、盜用公款的情況，使得老闆傾向於將重責大任交付給臺灣同胞。當時的臺籍幹部其實也不多，公司便希望我能在短時間內跟上主管的腳步，以銜接他的職位、協助管理所有連鎖店。

為了不讓老闆和主管失望，即使我還是個初出社會的職場菜鳥，也得逼迫自己在短時間內比任何人都更快適應當地

的生態與各種文化、學習所有工作細節和流程。正因為時間緊迫，如此高壓的訓練和環境，使得我比任何人都更快學會店面會計、人事管理、業務訂單管理、熟客管理、倉儲貨運，以及商業談判整合能力，開始能夠獨當一面。

1-3　從淚水中學會什麼叫無所畏懼

　　墨西哥是全球工時數一數二長的國家之一，每天至少要工作十二個小時，而且每週只休一天。但因為強大適應力，加上老闆將我視如己出，所以我從未因為工作或是和家人的距離掉過一滴眼淚。

　　某天，公司接到來自大客戶的一張百萬訂單，由於訂單非常緊急，根本來不及向總倉訂貨再送到市中心；不巧的是那天許多員工都休假，臺籍副店長也正在臺灣度假中，在情急之下，我便向其他分店調度人手，先將總店現有的貨都上到鐵推車上。我提心吊膽地站在旁邊顧貨，深怕遭到竊賊或是警察覬覦，因為這些貨物的量已經大到需要四臺鐵推車，且每一臺都堆到有三層樓那麼高。 [1]

　　果不其然，這些貨物吸引了幾個完全不認識也沒看過的警察向前勒索，我一如往常地趕緊撥電話給認識的警察朋友

---

① 註：當地所使用的鐵推車稱為「Diablo」（小惡魔）。這是一種鐵鑄且能承載近 300 公斤貨物重量的手推車，民眾習慣將貨物用麻繩拴住後，以人工方式抬運。

請他過來協調，沒想到所有認識的人都正好休假！於是只能任憑這批餓狼狂妄地在這個商圈大開殺戒，一過來就獅子大開口要勒索超過我們平常保護費的十倍金額。這是個豔陽高照的四十度夏天，也許是因為氣候使人浮躁，看著墨西哥幹部與警察爭執不下，平常冷靜的我不知怎麼地理智線也跟著斷裂，與他們起了口角衝突。

但很快地，他們用迅雷不及掩耳的速度號召了二十幾個警察包圍我們，還從遠方駛來一臺超大臺的警用卡車。誰也想不到，這些警察竟然開始合力要把這些將近三百公斤的貨物強制抬上他們的卡車。我這個僅有 155 公分高的瘦弱亞洲女子不知哪來的膽量，開始和他們這些配槍的無賴警察拉扯，整條街的民眾也替我們抱不平，開始對這些警察咆哮，試圖嚇阻他們的行為。但這反而讓警方更加不悅，最後在一陣混亂中，我放棄拉扯選擇示弱。

他們的老大說：「要我放過你的貨可以，你讓剛剛那位講話最嗆的員工跟我回警局，我就把貨放行！」他指著我當時最信賴的墨籍幹部，也是這張大訂單的主要負責人，我內

心糾結無比，閃過無數個念頭：「他去警局的話，那誰要負責帶人去送貨？這麼多貨我不可能交給一群不信任的小員工啊！何況對方還要付現金，誰能幫我收貨款！」還來不及反駁，這位墨籍幹部就直接站出來：「沒關係我去，至少公司的貨先留下來，我又沒犯法，他們不能拿我怎樣！」

　　我只得眼睜睜看著自己的副手被這些囂張的警察帶走得逞，這是我第一次和警察談判破局，也是我第一次顧不得其他員工或是路人的眼光，不爭氣地在墨西哥街頭大哭掉淚。比起傷心難過，更多的是不服氣與自責，怪自己為什麼沒法好好保護自己的員工；但即使如此，我還是得深呼吸讓自己盡快回復理性狀態，並立刻撥電話回報公司請求協助。

　　在這之後，我突然意識到這世界本來就有很多我們「無法控制」的事情，當你因為這些不可控因素而失去理智時，只會讓一切更加失控。這讓我學會如何在一個完全失控的情境之下守住本質，專注於可控因素，不再讓情緒誤導自己；而這次的事件也賦予我處變不驚的勇氣與智慧，在未來的人生旅途中更加無所畏懼。

1-4 在動亂之中學會危機應變能力

歷經在街頭對抗二十幾個警察的洗禮，我以為已經不會再遇到比這還要更失控的事件——但在墨西哥這個無法預測的國度，什麼都有可能發生。

我待在墨城的那幾年，墨西哥歷經了幾個知名的國際大事件：一個是囂張橫行的大毒梟矮子從美國逃獄竄回墨西哥城，另一個則是知名的離奇案件「消失的 43 名學生」。自從這個案件曝光以後，墨城市中心的各大院校師生就聯合起來遊行抗議，持續了兩個月後政府遲遲不願正面回應，於是全墨西哥人民再也按捺不住對國家的不滿，進而引發了暴動。[2]

還記得那是 2014 年 11 月的某天下午，店面剛好沒有太多工作，只有零星幾個路過的客人，大家一如往常地一邊理貨、一邊開心聊著天。忽然之間，一臺警車從遠方傳來的廣

---

[2] 註：2014 年 9 月 26 日，在墨西哥的格雷羅州伊瓜拉市，師範學校學生參加了左翼政治集會。在發生暴力事件後，3 名學生和 3 名路人當場死亡，另外還有 43 名學生神秘失蹤，懷疑是被綁架，生死不明。此事之後，伊瓜拉的市長夫妻畏罪潛逃，格雷羅的州長也引咎辭職。在 2014 年 11 月 8 日，3 名墨西哥的販毒集團分子「承認殺害」了 43 名失蹤學生。出處：https://kknews.cc/world/yev2mpn.html

播聲劃破了整個商圈的平靜，車內的警察高喊：「拉下鐵門！拉下鐵門！市中心的示威遊行已造成暴動，請立刻停止營業！為確保自身安全，在未解除警報請勿擅自營業開門！」

當我好奇探頭往外一看，所有店家都以迅雷不及掩耳的速度，從警車一路開過來的方向將鐵門唰地拉下！我雖然完全還搞不清楚發生什麼事，但眼見情況不對，也趕緊請警衛立刻關門，並立刻撥打電話給其他同樣位於市中心的分店詢問狀況。請他們立刻關上鐵門、取消所有需要外出的工作，讓員工留在店內進行整理和打掃，並提醒大家要耐心等待警車再次廣播，確認情況安全才可以再度營業，然後立即回報老闆目前市中心發生的緊急狀況。

大約十分鐘後，待我耐心播完一通通電話確認其他家店面的狀況後，回過神來，卻發現店內所有員工都慌成一片。雖然大家很自律地做著手頭上的工作，但卻停止不了竊竊窣窣的猜測，因為外頭正傳來大批人群的跑步、追趕及吶喊聲，還有一臺臺直升機低空飛過傳來的轟隆隆聲響。被強制關在店內的大家開始腦補外頭的狀況，有位剛來沒幾個月的

臺籍幹部甚至突然放聲大哭。

也許是因為經歷了上次和警察搏鬥的事件，我已經擁有完全不受他人情緒影響的判斷力，要求祕書立刻上 Google 或 YouTube 查詢媒體報導，告知大家真實狀況，因為這樣的大規模暴動一定會有即時新聞。我也允許大家先跟家人訊息報平安，若有人住在市中心也可以先打電話回家確認家人的安危，這時所有人才冷靜下來不再恐慌。

大概經過兩個小時後，外面的聲音漸漸安靜了下來，警衛偷偷將小門開了個縫往外窺看，一看發現不得了！雖然暴動群眾似乎已遠離我們這個商圈往廣場聚集，但卻有大批遊客從廣場往我們這個方向邊哭邊走過來。空氣中瀰漫一股濃濃的煙硝味，透過網路新聞直播才知道，廣場的示威群眾自製汽油彈開始攻擊警察，而警方也開始用催淚瓦斯試圖鎮壓，眼看事情越演越烈，但離下班時間還很長，我也開始擔心要讓員工提前回家還是回總倉幫忙？如果直接下班，那又要如何讓員工們安全返家？

　　和老闆討論後，我們決定讓大家集體行動，一起回到總倉協助其他事務。我當下立刻撥打電話給附近的分店還有其他臺灣人商家，一起約好在一處集合點碰頭，然後要大家快速收拾，待外頭平靜些後用最快的速度離開店門口，帶著所有員工逃向另一個安全的地鐵站入口。我們一行人從頭到尾都快步前進，並提高緊覺不時往周遭查看是否有被尾隨，很擔心一個不小心就會被失控的暴民或警察波及。

　　一回到公司，我整個人才真正的放鬆下來，也才意識到自己臨危不亂的應變能力又提升到了更高的層次。回想起來，其實一開始看到所有店家緊急把鐵門拉下，聽見外頭直升機盤旋的聲音，不能可能沒有絲毫恐懼和害怕；但身為所有店面的最高指導原則，我不能亂了陣腳。比起擔心自己的安危，我更要冷靜考量要如何在不影響到工作程序的前提下，讓大家都平安離開。

　　當然以上這個事件，不過是在墨西哥這五年之中印象最深刻的其中一個小故事，還曾發生過更多各種大大小小、臺灣人聽了都覺得像電影情節般不可思議的故事。而這些經驗

都讓我後來無論是在西班牙、還是臺灣的職場上，都擁有比別人更靈敏的危機警覺性，一旦知道即將有狀況發生，就會立刻開啟緊急處理模式，想辦法排除狀況——在團體之中扮演同事們的定心丸，理性分析現況後再開始做決策、發布命令，更要適時對上司、老闆據實以報，讓他們安心。

多數人一定也很好奇，難道「冷靜下來」就夠了嗎？其實冷靜只能幫助自己理性分析現在該怎麼做，更難的其實是要全面的顧及上下，讓大家都願意追隨你的腳步、往你理想的方向前進。這除了平時與員工和同事培養信任感之外，還有一個更重要的致勝關鍵就是「溝通能力」。很多人前面的步驟都有做到，最後卻仍無法完全掌握事情的走向，這正是因為表達上的問題，導致他人不了解你真正的想法，而無法配合你的要求。

在職場上要真正做到的不只是「溝通」，而是要「有效溝通」——有效率且明確地在短時間內讓接收資訊的對象理解你的想法，並跟著執行。因此不管在回報上司或是傳達指令給下屬之前，都要先梳理自己的思緒，並學會去掉多餘的

描述或解釋，只陳述最重要的事實，然後條列出你目前打算
的做法，又或者是提出選項和對方進一步討論。有時寧願多
留五分鐘思考準備好再說出口，也不要急著傳遞資訊，導致
引發誤會需要來回解釋，反而讓彼此花費更多時間成本。

S 教授的社畜職場學

你不只要「溝通」，而是要「有效溝通」

面對職場上的危機應變，要先冷靜分析現況
與利弊後再進行回報，讓有主導權的人做決
策。過程中決定好壞的關鍵，就是能否有效
率地在短時間內讓對方理解你的想法，做到
「有效溝通」。

1-5　誠以待人就是最好的籌碼：商業談判力

在中南美洲打滾的這幾年，還讓我意外獲得一項相當寶貴的能力，那就是「商業談判力」。一般人聽到這個名詞，可能會以為只有當主管或創業才會需要培養這項能力，那你可能想錯了。簡單來說，商業談判力可視為是進階的業務能力，它能讓你結交廣大的人脈和朋友，花最小的力氣與成本換得自己所需要的物品、利益或目的；更能幫助你在未來的生涯旅途上無往不利，這一切是不是聽起來很誘人？接下來，我將告訴你我是如何一步步培養並提升這個技能；在更後面的章節，我也會告訴你該如何將它運用在一人創業上。

假設今天有一位客戶下了一百萬的訂單，你已經給他最低的折扣，也送了一堆東西；但對方還是不斷地殺價、砍價，這時你會怎麼辦呢？此時，業務 A 的策略是明白告訴對方這已經是最低折扣，死命防守，心想：只要我不讓步，客人沒輒我就贏了。業務 B 則是先確認對方是否真有這個貨量需求，而不是亂下單；確認後再進一步詢問對方是否有財務上的困難？並預想對方如果只是無法一次付清，可以讓他先

支付訂金，其餘放帳以交貨完後再付尾款的方式下單。你覺得誰會最有勝算呢？答案很明顯是 B。

　　在社會上走跳，你必須要先學會「換位思考」。洞察他人的需求，先預判對方真正的痛點和問題可能是什麼，再開始盤點自己手上有哪些籌碼能夠幫對方解決問題；確認完自己的籌碼之後，再進一步和對方溝通，確認自己的預判是否正確。若真如你所想，就拿出籌碼來談判：如果非你所測，則要爭取時間去思考或籌備其他資源，這就是商業談判力最基本的公式。

　　當然，有時候並不是只有你有籌碼，如果今天你的籌碼對他來說一點都不特別，或者與他人相較之下並不佔優勢，就要靠「平時的交情」了。平日每一次增進交情的過程，都會讓你的手上原有的普通籌碼再加一點分！例如今天 A、B 兩間咖啡店都在同一條街，氣氛一樣好、咖啡一樣好喝，但 A 店長平時就會主動打招呼、笑容滿分；而 B 店長則是常常擺個臭臉，你一定會選擇進 A 咖啡店用餐。

　　我當時在墨西哥的其中一個職責，就是要與大客戶維繫好關係，並持續累積更多熟客名單。對於有潛力成為大客戶的對象，我都會更主動招呼及關心，並盡力做好每一次的售後服務。對於已經跟公司來往數十年的大客戶，則是連他的員工、家人都一起照顧，在對方有需求時認真傾聽並適時給予幫助；甚至也要幫對方注意競爭對手和蒐集潛在客戶名單。平常做生意時夠大方，這些客人通常都不會再跟我凹，也會體諒我和公司溝通上的困難，儘量不替我添麻煩；甚至有許多客人是家族企業，兄弟姊妹分別開不同公司，最後全部都捨棄原有廠商跳槽向我購買。

　　有次印象深刻的是，有位年輕的創業家自己開店，耳聞我這邊的貨品雖然價格高但服務很好，於是來向我詢價。經過一番瞭解，發現他開的店面竟然在一個很重要的老客戶隔壁。因為不想自找麻煩，我便故意提高價錢，面有難色地婉拒，並提供幾家其他更好的廠商選擇（但其實都是我的下游客戶）。

　　但萬萬沒想到，這位年輕人也非常有商業談判力，他離

開約莫十五分鐘後又再次回到店面，買了一杯星巴克給我，也買了咖啡和甜點給店面所有員工，並對我說：「之前就聽說妳很喜歡喝咖啡，剛剛浪費妳的精神跟我聊這麼久，這些是一點補償，請妳不要客氣。我主要的客人其實都不是在市中心，所以請不用太擔心我會搶到妳大客戶的客人；妳也不特別算我便宜，只要給我合理的價格即可，因為我真的需要妳的貨品，而且我全部都會付現！」

聽到這邊我真的大笑，眼前這位只有二十歲的年輕人竟然擁有如此高深的談判力！首先他滿足了整家店的口福，因為知道買這麼多，我也絕對不可能會拒收。他也在一開始的談話過程中，臆測到我的痛點應該是怕得罪自己的客人，於是主動表明不會踩到雷，並在最後丟出他能一次付現的籌碼，證明他是個可靠的客人。

我問他：「那為什麼非得和我買不可？」他回答：「因為我早就聽說妳交貨最快、很值得信任，跟妳買感覺就是一種品質保證。」聽到這裡，我便立刻揮手叫業務來幫他下訂單。

　　這些平時累積的交情，就是我在關鍵時刻最重要的隱形籌碼，即使後期出現越來越多來自中國大陸的競爭品牌打價格戰，這些客人還是對我死心塌地！甚至時不時就會帶些伴手禮來店面，出國旅遊時不忘寄明信片來、在家做糕點也會多留一份給我；每到聖誕節，還會送上幾盆自己種的聖誕紅以表心意。

　　到後來我發現，雖然一開始我主動釋出善意的目的是建立於商場的利益之上；但隨著真心的相互交流，也讓我與客人們間的關係昇華成無話不談的朋友。一直到我返回臺灣，即使沒有在離開前向他們一個個道別，他們都還特地搜尋到我的 Facebook，私訊傳遞對我的思念。

S 教授的社畜職場學

建立交情，就從洞察他人需求開始

在商場上最佳的談判籌碼，往往都不是你們之間的利益來往，而是平常累積的誠信以及交情。要建立交情，就從洞察他人需求、幫助他人解決問題開始！

1-6　真正的領導者，除了帶人更要帶「心」

你能想像嗎？什麼樣的老闆能夠讓員工打從內心願意為他吃苦、願意為他掏心掏肺奉獻五年青春，願意惦記著他感謝一輩子，甚至邀請他到婚禮上擔任自己的證婚人？我在墨西哥的老闆和老闆娘就做到了這件事！能在這麼年輕的時候就遇見伯樂和貴人，真的非常幸運和感恩。

正因如此，我也不斷觀察和揣摩他們是如何當一個頂尖優秀的領導者，從夫妻倆身上各自學到了不同的領導要訣。

許多企業都要大家學習如何當一個「好員工」，卻很少人願意告訴你如何當一個好主管，在臺灣一般公司都很害怕內部員工學得太多，就把人才和技術都一起帶走了。

老闆娘就常對我們臺籍幹部說：「帶人要帶心！除了不要怕你的員工學會你的知識和技術，更要時常關心和照顧他們真正的需求。」這些需求未必是薪水或獎金等物質需求，更多時候是心理上的內在需求。

　　但在帶領一個團隊的過程中，我發現內在需求往往是最難被滿足的。因為資方和勞方之間本來就存在著無可避免的鴻溝，不是每個老闆都願意傾聽，也不是每個員工都願意表露於情。老闆曾對我說過：「我最重視的不是員工的能力，是與這個人之間的信任層級到哪裡；而這個信任感除了來自於是否能辦法把事情做好之外，更決定於敢不敢和老闆說真話！但要員工吐露真話並不是件容易的事，所以身為領導人必須自己先跨出那一步，真心待人、將員工視如己出，才能互相建立起信任感。」

　　這讓我找到了這兩者之間的相對關係，身為管理者除了帶領他人做事之外，更必須主動先關心員工，才能讓他們的心也往你靠攏。慢慢建立起信任感以後，對方自然而然就願意對你說真話，提出真正對公司有幫助的想法。在這樣的前提之下，我們也就更能快速且真實地了解員工的內在需求。

　　舉例來說，我和當時的墨西哥員工們也有自己一套獨特的相處文化，在工作模式時大家對我非常尊重，幾乎每個人都很了解我的需求、地雷和個性；但在某些時刻，他們也會

把我當作家人一般的照顧，和我分享他的感情或任何家庭大小事。這些都是因為我從一開始便掌握了老闆說的這套領導技巧，不只無私地教他們做事，更進一步的主動關心、傾聽每個人的想法。在堅持自己做事原則的同時，也不以上對下的高姿態去要求別人盲目服從，而是真實且毫不遮掩地告訴他們所有行為和決策背後的用意和原因。

當人和人之間少了「偽裝」和「防備」，做起事來就格外輕鬆。除此之外，很多人會說管理就應該要「賞罰分明」，但我個人認為，該為他們向公司爭取加薪或獎金時當然該用力爭取；但在員工犯錯或出錯時，則必須要先判定事情的輕重緩急，然後進一步溝通。輕則關心對方並給予支持，告訴他如何做得更好，重則按照公司規定來懲處。

因此我的團隊雖然工作量永遠最多，但卻是公司中有目共睹，相處得最融洽、流動率最低的團隊！因為他們都知道只要自己夠努力，跟著我除了學得到東西，也能獲得相對的回報。

　　而隨著經驗增長，我也發現「真心待人」只是建立信任感的一個基石，在職場上想讓人人願意死心塌地跟隨你的一大要素還有「展現自我的實力」。很多主管拿到了指揮的權杖以後，就妄想著靠一張嘴做事，而這正是許多員工會對在上位者不服氣的根本原因之一，因而造成公司流動率高，人才來來去去。

　　身為領導人就必須要有比任何人都做得更多、承擔更多責任的自覺和認知。所謂展現自我的實力，並非要你什麼工作都親力親為，或是把員工的事也一起攬下來做；而是將自己份內的工作做到超出滿分，在員工不了解事情來龍去脈或做事方法時指引他們。要時時刻刻觀察員工的需求、視情況伸出援手，並且展現出你有為團隊承擔錯誤的膽量，他們才能擁有盡情發揮能力和想法的空間與勇氣。

　　我也建議，無論你是職場菜鳥還是在商場上打滾已久的老鳥，一定一定都要無時無刻地保持謙虛，且在授予他人事物時別吝嗇也不要怕吃虧，真心對待你所遇到的每一個人。**「真心待人」就像是一顆具有正向吸引力的魔法石**，從我去

墨西哥一直到現在回臺灣創業，無論是與客人、上司、同事、員工或是合作對象交流，一路上我都秉持著這個原則往前邁進。它為我吸引諸多貴人或是支持我的人來到我身邊，甚至在我有需求的時候，就會有人毫不猶豫地挺身而出、提供資源。他們往往不求回報，也不為任何利益，正是這顆魔法寶石讓我原本擁有的領導力進化成為了「領導吸引力」。

1-7　運用零碎時間，一點一滴向夢想邁進

在墨西哥的這份工作可說相當夢幻，不但包吃、包住，有傭人煮飯打掃又有司機接送，公司還會配發給高階主管iPhone，更時不時就會帶臺籍幹部吃好料或到五星級度假勝地放鬆；更遑論老闆特別器重我，真的給我相當好的待遇，以及極大的信任和空間去發揮，種種條件和福利都稱得上是超越了付出的時間和體力。

我也始終記得我剛畢業、初到墨西哥時那個簡單的目標，就是找到除了西班牙語之外的其他興趣或熱情當作自己的特殊賣點，提升自己在職場上的市場價值。這個「特殊賣點」在行銷學上顧名思義就是具代表性的主打優勢，例如在競爭的手搖飲品市場中，每個加盟品牌都有各自的主打商品或賣點，像是珍煮丹的黑糖珍珠鮮奶或茶湯會的鐵觀音拿鐵。即使同樣都在賣珍奶，各家飲品店都有不同的強項吸引顧客買單。

而在人人都在掛牌出售才能的市場中也是如此，你必須

要去思考自己與他人有何不同之處。當時的我突然有了個新想法：**如果沒有什麼賣點，不如就自己打造一個吧！**若能用興趣和專長玩出不同的組合技，我或許就能輕易地打趴其他同樣會西語又有海外工作經驗的求職者，藉此找到這個領域中的利基市場。

S 教授的職涯相談室②

Q：如果找不到自己的賣點，該怎麼辦？

A：誠實面對自己、找出可轉化為專長的興趣，創造自己的利己優勢！

　　圖中的利己優勢，指的就是前面不斷強調的「特殊賣點」。去找出你喜歡且擅長、但別人不一定喜歡又擅長的優勢有哪些，這些優勢如果剛好符合市場需求，你就有機會在這個交集中找到一個利基市場，甚至是「創造」出新的利基市場！

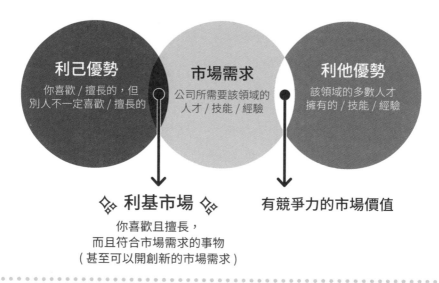

　　我當時也下定決心：只要我在墨西哥工作的這段時間找到其他有興趣且想做的事，就要回到西班牙念碩士進修、在當地生活，然後打造屬於自己的利基市場。這五年下來，因為在國外不受任何東方普遍的世俗價值觀影響，我終於能和自己好好對話，誠實面對自己真正的興趣，那就是「時尚」與「藝術」。

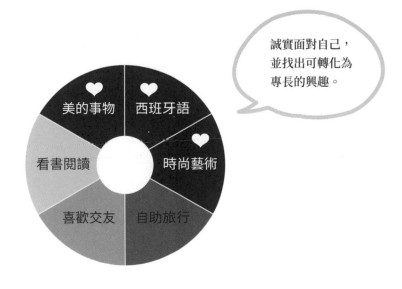

誠實面對自己，
並找出可轉化為
專長的興趣。

　　當然，我在墨西哥這五年也有了新發現！在眾多繁雜工作之中，有一個項目會讓我感到特別興奮，那就是「市場行銷」。每當老闆要我深入敵營到競爭品牌的店面採買樣品、觀察對方的價格與促銷策略、分析品牌間的商品競爭力，並提出我們品牌能以什麼樣的行銷策略迎戰，這個過程總讓我感到興奮無比，我也相當投入整理價格資訊和提案的過程。於是，我決定試著將行銷與時尚這兩項興趣變成我的專長。

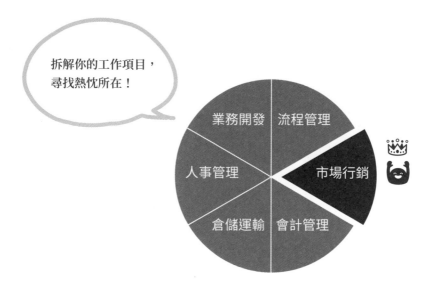

　　其實每個愛漂亮的女孩子體內多少都存在一點「喜歡時尚」的因子存在，只是在臺灣要大聲告訴別人「我喜歡時尚」或「我喜歡藝術」並不是件很容易的事。原因很簡單，大家從小到大可能或多或少受到家庭或學校教育的影響，當別人問起自己的興趣時，腦子裡總是會自動過濾那些「沒辦法賺錢的選項」，認為可以當作生財工具的才叫做「興趣」。

　　所以，即使我早在學生時期就意識到自己喜歡「時尚」和「藝術」，還是因為沒信心可以把這個選項當飯吃，而將它深深地埋藏在心中。一直到了國外居住，開啟了與自己的深層對話，我才真正了解到什麼「興趣」。只要你做一件事時能夠很投入、很興奮，甚至一陣子沒做就會覺得全身不自在，如同咖啡上癮一般，它就可以被稱之為「興趣」。我回想起過去在歐洲修的藝術課程，不管是建築或是繪畫，只要走進美術館就讓我興奮得無法屏息。除了欣賞這些藝術品本身的美麗，我也會想要進一步了解每一樣東西背後的設計含義與這些大師們的來歷。

　　而站在時尚的櫥窗玻璃前，也會令我有相同的感受。不

只是將它們當作藝術品般靜靜的欣賞，我也相當喜愛研究每個設計師的來歷和小故事，並在每一季推出新品時去分析和了解這些顏色、布料和剪裁的趨勢。一旦發現這些設計師偷偷埋藏在服裝裡的細節和巧思時，我也會格外地興奮。最後我終於按捺不住——我知道是時候該承認這是我真正的熱情和興趣所在了。

　　前面說到墨西哥的工時特別長，每天工作 12 小時，每週只休息一天。每每回到宿舍，吃完晚餐、洗完澡就將近凌晨零點時分。在這段期間，我總是會在每天花上十五分鐘，拖著疲憊的身軀、裹著頭，利用頭髮還沒吹乾的時間上網蒐集西班牙的學校資訊。我用僅有的零碎時間東拼西湊所需的資料，最後真的被我找到一個超完美的碩士課系——那就是 IED 歐洲設計學院的時尚產品行銷管理系！

　　最後，我利用一年僅僅一次的 21 天回臺休假時間，完成了申請、報考、Skype 面試、收到入學通知、繳學費等手續；然後在隔年的夏天正式離職，動身前往馬德里。

S 教授的社畜職場學

興趣和熱情，是可以從工作中找到的

不用急著去找到興趣和熱情，你可以給自己一點時間一邊嘗試、一邊摸索，從工作內容中尋找讓你感到最興奮的環節。找出你認為有機會成為「專長」的興趣，將它們相互結合，變成你專屬的特殊組合技！

第 2 章

追不到的夢想，
換個夢不就得了

　　2016 的夏天，睽違六年後，我再度踏上西班牙的領土。在飛機上遙望這個國家時，我一度難掩內心的激動，無法置信自己心心念念的夢想竟然真的就要實現了。我開始幻想碩士畢業後留在當地工作生活的情景。終於能擺脫每天被工作追逐的日子，像當地人一樣在馬德里街道上的露天咖啡座點一杯拿鐵、享受歐洲陽光的沐浴，這是多麼美好！我回過神來下了飛機，接著深吸一口氣，嗯——這就是西班牙的味道，我回來了！

2-1　夢想是什麼？

　　相信每個人小時候一定都被大人問過：「你的夢想是什麼？」學校的作文題目，一定也寫過關於「我的夢想」這樣的題材。多數人還在懵懵懂懂的年紀，就勉強從口中擠出大人們期待聽見的「老師」「消防員」「警察」「醫生」等等，夢想從是在這時與「職稱」劃上了等號。但正如當時我在西班牙遇見的寄宿家庭媽媽所說，所謂的「夢想」，不一定是要做什麼樣的工作，而是人們心中對未來的期待與渴望——你想成為什麼樣的人？你想過著什麼樣的生活？但在東方的教育體制中，卻很少有人會告訴我們如何聆聽內心的渴望，如何挖掘自己的天賦和熱情，進而去了解夢想的定義，這讓我們往往錯把工作賺錢當作人生目標。

　　不知道正在看這本書的你們，是否也有一個很簡單、或大或小的願望或是夢想呢？如果沒有，也請給自己五分鐘，靜下心問問自己：「我的夢想是什麼？」然後再進一步問問自己：「為了夢想，你願意付出些什麼？」

　　當時我唯一的夢想就是想留在西班牙生活，聽起來是如此簡單，也如此困難。每當有人問我為什麼會把這件事當作夢想，我其實也說不出明確的所以然，只知道也許是之前交換學生的那段經歷讓我對西班牙情有獨鍾，嚮往他們的生活模式，於是就這麼靠著單純的堅持回到了這裡。在追夢的路上，我本能地往前一路衝刺，從來沒想過要給自己留下退路，也沒想過萬一失敗了該怎麼辦。大多數人每走一步都會想著前方有什麼危險？踩下去後是否會陷入泥沼？是否會被石頭絆倒？預想許許多多假設性的後果；但我從來只想著目標，只要這一步或這個行動有任何機會讓我更接近目標，我都願意嘗試。

　　我一回到西班牙便開始積極拓展人脈，主動認識來自各個知名品牌、企業的老師，也和同樣來自其他國家、想留在西班牙的同學打成一片。我在第一個禮拜就去請教職涯輔導老師，學習如何寫好一份適合當地公司的履歷，並積極地透過 LinkedIn 和各大求職網尋找西班牙時裝品牌的職缺。雖然前期投的履歷都石沉大海，但我還是利用空檔時間列出一百多題面試常考題，用西班牙文一題一題寫好答覆，一有

空檔就自言自語地練習面試。

　　過沒多久，我便接到一個西班牙設計師的小眾品牌正在徵求馬德里時裝週的工讀 dresser 面試（秀臺後臺負責幫模特兒整燙、換衣服的工作人員），雖然內心明白「工讀」並不符合自己的理想目標，但我還是依約前往。我心想：「也許我可以和面試官談談，試著說服他讓我留下來長期工作！就算成功機率很低，也可以當作是為了未來的工作機會練習面試吧。」

　　這間 Showroom 位於馬德里一條充滿藝術氣息，到處都是畫廊、工作坊的高級住宅區。由於這是我的第一場面試，我的內心是既興奮又緊張。按下電鈴不久後，就有人拉開我眼前一扇孔雀藍的大門，歡迎我進入等候。屋裡的水晶吊燈和貴妃椅都浮誇般地時髦，讓我簡直難以呼吸。所有人的臉龐都如同模特兒一般精緻，拎著大把衣服在法蘭絨地毯上走來走去。一位穿著普通、戴著黑框眼鏡的太太隨即向我走了過來，她熱情地對我說：「嘿！你就是 Inés 嗎？外面下雨沒有著涼吧？」

　　我原本預想在正式的場合應該握手就好，沒想到她卻像朋友般和我親吻臉頰打招呼，她是我在西班牙第一次遇到的面試官。

　　整個面試的過程中我們相談甚歡，面試官也直接表明非常喜歡我，於是我立刻見縫插針：

　　「雖然我知道你們需要的是短暫的秀臺工讀，但根據過去我在墨西哥管理店面的工作經驗，我其實可以協助更全面，像是行銷、營運或是採購這部分的工作。如果你們需要這樣的人才，希望可以給我機會，讓我在時裝週後繼續留下來和你們共事！」

　　最後對方給我的答覆是他們日前並沒有長期的職缺，所以我也誠實告訴她隔天有另一個快時尚品牌 MANGO 的面試，會在面試過後再回覆他們是否能如期在時裝週到職幫忙。

　　從這個經驗，我想告訴大家要勇於嘗試任何可能，不要

擔心將你的需求或狀況如實告訴面試官，更不要害怕進一步展現個人的能力。因為面試本身就是個談判的過程，你必須告訴對方你身上有哪些籌碼可能是他需要的，雙方才會擁有更多的選擇權。最壞的狀況僅僅是對方不接受你的要求，你卻有可能從此為自己開啟不一樣的機會；但如果你不踏出任何一步，就永遠無法為自己的人生多添加一個選擇。

　　隔天和 MANGO 的面試，我非常順利地拿到了視覺陳列師的 offer。他們正準備在馬德里最高級的塞拉諾精品街（Calle de Serrano）打造一間時尚界前所未有的數位旗艦店，將數位科技融入消費者體驗。在開幕之前，我和從法國、義大利各地飛過來支援訓練的視覺陳列團隊一起將一間總面積 8,000 平方公尺的店面從無到有地妝點起來。到了開幕記者會當天，我負責協助用英文接待來自歐洲各地的部落客和 KOL，為他們一一介紹我們的數位試衣間，以及我們是如何透過智慧型手錶即時掌握試衣間每一位客人的需求。對於第一次接觸這個產業的我來說，著實是大開眼界。

　　在 MANGO 工作的這一年，完全打破了我既有的工作

與職場文化思維。我過去職場的制度一直是階級分明，將老
闆、主管與基層員工清楚地劃分開來，甚至連臺籍幹部與墨
籍員工之間也有相當明顯的隔閡與界線。但在這裡，則是完
全採用扁平化制度，店長、視覺陳列、銷售人員、收銀員都
是平起平坐，每個人都有權利發聲。在每天短暫的十五分鐘
早晨檢討會中，最令我詫異的景象就是大家都能毫不留情地
直接指出店長或其他管理職人員哪裡可以做得更好；而他們
也會欣然接受自己的錯誤，表示下次會再改進。對我而言，
這樣的工作模式還需要一點來習慣，但對他們來說卻是再正
常不過的日常。

　　身為店內唯一一個亞洲人，我也有許多令他們完全無法
理解的行為。例如：我已經習慣要把手邊事情告一個段落再
下班，但每到我的下班時間，同事和主管就會立刻把我手上
的事情一把攬去，說：「時間到了你不要再做了啦！趕快下
班，剩下的我們來弄就好！」

　　我的同事不但有西班牙人，也有法國人、俄羅斯人、義
大利人等來自各國的人士，大家把上下班的時間界線劃分得

十分清楚，在各個層面都體現了將「生活」擺在工作之前的
處事態度。印象很深刻的是，隔年即將進入夏季的時候，上
級主管就會開始一個個詢問每位員工要怎麼輪休安排假期。
當七月一到，同事間的話題都圍繞在要去哪一處海邊度假：
「咦？Inés 妳這個夏天沒有計畫嗎？」「我……沒有想過
耶。」同事一臉驚恐地看著我，此時店長從一旁走過來出聲：
「沒有人夏天還待在馬德里的！ Inés 妳一定要好好放鬆度
假！西班牙的地中海很美，不要浪費這個夏天了！」同事們
一聽到，就紛紛開始把他們的口袋名單一一介紹給我，興奮
地介紹起每個海灘的特色。最後在這個夏天，我選擇了和另
一半到西班牙的馬約卡島上度假。

　　在島上待了七天六夜，西班牙的人文、陽光、美食，每
一個細節都教會了我「該怎麼生活」。我也慢慢體認到，「工
作」不過就是把事情做好，「生活」則是要懂得全面地照顧
好自己的身心靈。這也讓從小到大接受亞洲填鴨式教育的我
徹徹底底地上了一課。距離上一次在西班牙生活已經六年，
我在此時此刻才真正體會到什麼叫做「為生活而工作」，更
明白自己如此強烈想留在西班牙的動機。

2-2　天堂和地獄只有一個轉彎的距離

眼看自己即將畢業，我開始擔心 MANGO 是否願意繼續讓我留下來工作。雖然我領的是正職的薪水，做的也是正職的工作，但實際上合約是以學生實習簽證聘用我。一旦畢了業，除非有當地的公司願意幫我辦理工作簽證，否則我就得收拾行李回臺灣。

某天，我鼓起勇氣直接打給人資聊聊，他也明確告訴我會幫我爭取；但實際上在西班牙，一間公司要聘用一位外籍員工除了是筆大開銷，也得經過各種紙本作業流程，有相當的困難度。聽到這裡，我也明白公司把我留下來的機率根本趨近於零。

就在此時，正好全世界最大的西班牙時裝集團印地紡（Inditex）旗下二十幾個品牌，在西班牙近二十間學校大舉進行校園徵才。包含我的科系在內，全校僅有四個科系有資格參與角逐。我瞬間燃起新希望，二話不說地立刻報名。這次的求職過程更是一場長期抗戰，我第一次在學校裡面試，

各個品牌的經理級主管一對一面談；順利過關後，隔了將近兩個多禮拜才終於收到通知——這次則是要和從學校中脫穎而出的五十名學生到馬德里 ZARA 旗艦店的空中 Showroom 進行二次面試。

　　一走進 Showroom，映入眼簾的是 360 度的全景落地窗，將馬德里最時尚的精品街盡收眼底。列於窗邊的一大排長桌上擺滿精緻的馬卡龍、可頌、小蛋糕，一旁的服務生忙著為高腳杯斟滿果汁和碳酸飲料，下一季尚未推出的服裝新品則懸掛在各個角落，眼前的場景時髦得令人不敢鬆懈。我知道這是一場面試，所有經理人都在一旁觀察打分數，眼尖的我立刻順手拿起一杯飲料融入大家，積極地認識今天一同來參與面試的競爭者們。

　　結束了和大家愉快的午茶時光後，每位經理人開始播放他們的形象影片，向我們詳細介紹每個職務的工作內容，隨後開始分組輪流和不同品牌的代表人面試。一整天下來共計耗費將近六小時，讓我徹底感受到與臺灣截然不同的西班牙面試文化。他們是如此用心安排每一個細節，尊重每個來到

現場的面試者，讓人賓至如歸。雖然我自認為當天表現得不夠積極，也太過拘謹，但一個月後還是收到好消息，分別和印地紡旗下三個品牌的人資進行了視訊面試。歷經將近兩個月共五場的辛苦面試，我一路過關斬將，最後終於拿到了 Bershka 亞太區產品經理的 Offer Letter ！

收到信的當下，我激動地眼眶泛淚，從沒想過自己竟能打敗這麼多來自西班牙各地時尚學院的學生們，拿下這個年薪百萬的職缺。我興奮地和另一半在居住的馬德里百年公寓中高呼「夢想就要成真了！我收到錄取通知了！」恨不得所有室友都能聽見我的歡呼聲。當下我也立即回覆 Bershka，表示自己已經收到通知，並詢問何時報到，以及公司要幫我辦理工作簽證會需要什麼文件等事宜；卻沒想到按下寄出信件以後，收到回信已經是隔了兩個月後的事⋯⋯。

這兩個月漫長的等待期，我也不斷積極地寫信和致電詢問，卻始終沒有音訊。其實我也大概心裡有數，果不其然人資在信中寫道：「不好意思事隔這麼久才回覆，這兩個月我們在不斷和公司確認是否要聘用沒有工作簽證的外籍人士；

當初面試沒有和您確認是我們的疏忽，經確認後公司認為申請的手續流程以及成本太高，因此傾向選擇另外一位面試者，請您見諒……」

　　看到這裡，我還沒看完他們在信件後半段冗長的解釋，就立刻把電腦闔起來，跳到床上用棉被將自己裹得緊緊的。另一半問我：「怎麼了嗎？」我只是輕輕地回答：「沒事，因為簽證的關係，所以原本的 Offer 沒了，我需要靜一下。」

　　就這樣，我睜著眼徹夜難眠到天亮。我沒有想過，原來天堂和地獄不過就是一個轉彎的距離。這一晚我沒有哭，滿腦子只想著：「接下來我該去哪？回臺灣還是留下？」

　　其實要留在國外有很多偏門撇步或後門可以走，也有不少臺灣人為了要留在當地，會選擇進到一間自己不怎麼喜歡的大陸公司工作。因為這類的公司大多都會需要中文人才，所以也較願意花錢聘請華語人士並協助辦理工作簽證──但我一點也不想這麼做！我不想為了留下，而選擇一份自己不喜歡的工作，或是做任何違背良心的事。

　　身邊其他同學和朋友知道我的狀況後，也紛紛幫我尋找各種資源，傳給我各種學校的報名資訊。多數想繼續在西班牙生活的外國同學會為了留下，繼續燒錢去唸其他相似的科系。但我捫心自問：即使在墨西哥工作存到的錢還夠我在這裡生活好幾年，這些花費對我來說不是問題；但這樣的投資只是「為了留而留」，真的有這個必要嗎？意義到底何在？我甚至為此撥電話回臺灣詢問媽媽的意見，這是我出國這麼多年以來，頭一次無法勇敢地自己下決定。最後我實在無法忽視內心向自己大聲說「不」的聲音，決定要返回臺灣。

　　這個決定對我來說算是人生大轉彎，雖然心有不甘輸了這盤棋，但我仍不斷在心中告訴自己「輸了又怎麼樣？」我擁有了一般人無法擁有的精彩人生經歷，這也算是贏了，沒有達成夢想又怎麼樣？換個夢想、換個目標不就得了！於是我大方地告訴所有在臺灣的朋友：「我要回臺灣生活了！」不料，換來的卻是朋友們的勸退。

　　那年媒體不斷大肆報導臺灣可怕的低薪環境，網路新聞標題亦不乏「慣老闆」「22K」「鬼島」等駭人字眼。我心想：

「這絕對是媒體炒作，臺灣是個美麗的寶島，才沒有你們說的這麼可怕！」大家卻都告訴我：「真的不要回來，妳一定不會習慣的！臺灣現在跟鬼島一樣，薪水低得可憐啊！」這樣的對話似曾相識，如同多年前決定要到墨西哥工作時朋友們百般阻止我的畫面。但這次我已經不若當年勇敢，可能勇氣和莽撞隨著年紀的增長也漸漸消失了吧。他們的每字每句都讓我將煞車踩得越來越深，好不容易下的決定也不斷受到影響，讓一直自認為很了解自己的我陷入前所未有的迷惘，我的人生從來不曾像這一刻如此地迷失過。

　　就在某天，我忽然想起碩士有一堂商業策略課所教到的 Business Model 商業模式圖，這是一種在規劃創業或是任何行銷活動前會使用的視覺化思考工具。當時在用西班牙文查資料做報告時，我就發現有學者將這套工具用於職涯自我探索的領域。於是我按照這些學者的方式，針對臺灣的職場環境進行些許調整，然後做出了一個全新的職涯定位圖。我一步一步地在表格上清楚列出自己的優劣勢、求職目標以及所需要的資源等等，並搭配其他在碩士課程中學到的行銷知識和工具，進一步地進行職涯探索。在這個過程中，我不僅看

見了自己的價值和實力，也更加確信回臺灣後我一定相當有競爭力，瞬間釐清自己之後的求職方向，不再迷惘。

在開始創業、經營自媒體後，我也將這套自我探索的工具加以系統化，研發成一套完整的線上課程，希望能夠幫助同樣在職涯中失去方向的人們找到真正的熱情和天賦，讓大家看見自己的價值、邁向更理想的人生。我將這張圖表稱為「生涯定位圖」，沒錯，這正是「生涯定位設計課」的由來。

畫出生涯定位圖自我探索的過程之中，我回想起碩士時有一堂課叫做 E-commerce，教的是電商營運、跨國運輸、社群行銷、SEO 和數據分析等內容。在課堂上學習時，我便在心裡對自己說：「這就是全球的趨勢啊！也許未來可以朝著這個方向走。」

於是我開始瘋狂搜尋什麼類型的工作會需要這些技能，將這些這些職缺名稱記下列入生涯定位圖中，決心回到臺灣後就朝著這個目標前進！

S 教授的社畜職場學

人生不是只有一個選擇，失敗了就轉個彎

一旦決定了目標就別猶豫，立刻行動！任何看起來能幫助你離夢想更近一步的方法，都去嘗試看看，一路上再慢慢調整腳步就好。人生當然也不是只有一個選擇，告訴自己努力過就好，失敗了大不了就轉個彎、換個目標繼續前進。

2-3　在人生旅途中迷惘時，你更應該停下腳步

相信正在看這本書的你們，有很多人也都曾經或正在經歷尋找人生更多可能性的過程；但也因為不曉得自己真正的熱情所在，而感到失去方向。

剛畢業要踏入社會，或是面臨職涯轉變之際，可以說是人一生中最迷惘的時期之一。在這樣的情況下，很多人容易為了急於掙脫困境，而做出讓自己後悔的決定。這就像是在一片荒野之中開著車，拼了命地踩著油門卻不曉得目的地在哪，只能盲目地胡亂瞎闖。

經營自媒體的這段期間，我收到了來自不同年齡層、不同領域粉絲私訊來的煩惱。我發現大家之所以迷惘的原因，多半來自「不夠了解自己」的不安全感。因為不清楚自己喜歡什麼、適合什麼、想要什麼，或是擅長什麼，只好任由自己漫無目的地飄盪，做出許多無效的嘗試。但事實上，你在此時最需要的是停下腳步，打開手上那張人生地圖。只有檢視自己目前的定位、設定目的地並往那個方向前進，才會讓

你感到安穩踏實。千萬不要在迷惘低潮的情緒下做任何決定，這只會讓你走往更迷惘的方向，掉入另一個惡性循環的陷阱裡。若你現在正好深陷這樣的泥沼，建議你可以按照以下這些方式去調整目前的腳步：

1. 停下來與自己對話

你曾經和自己好好對話嗎？你上次停下來獨自和自己談心是什麼時候呢？又或者，你根本不曾這麼做？

現代人都傾向在閒暇時間和朋友出去吃喝玩樂，或藉由上網、追劇等娛樂犒賞自己的辛勞，很少有人會特地撥出一段空白時間留給自己。在腦袋被各式各樣的外部雜訊給填滿、干擾時，我們的注意力通常也會被外在環境的各種事物分散，因而忘了分配一點注意力給自己——這也是大多數的人根本不夠認識自己的原因。

當你工作疲乏、感到不快樂的時候，其實更應該應該靜下心來好好思考目前所身處的職涯環境、和自己的內心對話，找出讓你不開心的真正原因。究竟是因為工作與興趣不

符、不了解自己到底想要什麼，還是因為公司文化讓人心累，又或者是工作量超出負荷範圍呢？一一列出這些問題，透過不斷反問自己來釐清答案。有時答案就在你心中，只是因為我們總是太忙，忙著在乎外界的聲音和價值觀，而下意識地去忽略或面對自己真正的慾望。唯有和自己獨處、對話，你才有機會透過聆聽真正的內在聲音，慢慢找到迷宮的出口。

2. 透過經驗回顧來自我探索

大家在考量一份工作時，通常都會衡量薪水、頭銜、公司規模、福利等外在需求，但卻很少會記得照顧自己的「內在需求」，例如：和同事相處自在、能結交朋友與人交流、滿足學習慾望、能自由發揮創意等等。當這些需求無法被滿足時，工作動力便會降低，熱忱也就難以延續。這導致許多人雖然上班賺得不少，卻總感到心靈空虛、過得不快樂。

現在你知道了自己可能有某部分的內在需求匱乏沒有被滿足，但你可能又會面臨另一個問題：不知道自己的內在需求是什麼。

　　每個人終其一生都在不斷扮演各種角色，無論是女兒、同學、朋友、女友，或是團體生活中的領導幹部、助理、執行者等。你可以試著回想：在扮演這些角色的過程中，是否有哪些事件是讓你感到特別快樂、特別滿足的呢？

　　除了這些定義相對廣泛的角色，你也可以挖掘過去在工作中擔任的職位，思考自己在這個工作崗位上的工作項目有哪些？在執行哪些工作項目時會特別令你興奮，或讓你覺得有成就感？列出這些事件和項目之後，你通常就能慢慢比對出自己擅長做些什麼，然後再進一步去思考背後讓你感到快樂、有成就感的原因——這些就是你的「內在需求」。

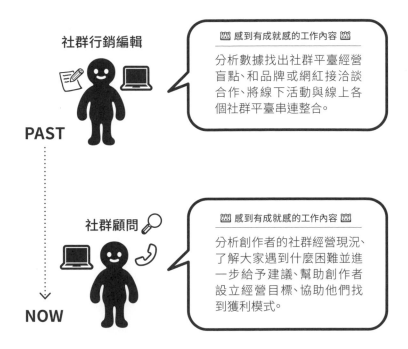

例如，從以上這兩個角色我能找出自己很擅長「分析」、「溝通」、「整合」的工作。這些工作會之所以會讓我感到有成就感是，因為我能因此接觸到各式各樣的品牌和意見領袖，交到不同的朋友，滿足我喜歡與人交流的慾望。

3. 積極參與新事物、與他人交流

前面說到有群人是因為忘記將時間留給自己，而忽視了內在的聲音；相反地，其實也有另一群人是因為過度「獨處」，而忽略了與他人交流的重要性：又或者是長期處於相同領域的舒適圈中，無法跳脫既有環境去吸收、更新趨勢，這將導致我們很容易被眼前認知的「既定事實」給限制。

例如有很多師字輩的專業人士，不管是護理師、老師、工程師等，這些類別的職業因為長期處在特定的專業領域中，身邊的人也都是來自同個圈子的人，一成不變；久而久之即使知道自己做得不開心，卻也會因為覺得「大家都是這樣過生活」而說服自己繼續撐下去，產生「自己就是得一輩子都靠這個專業吃飯」的限制型信念。

當你正為找不到方法掙脫現在的環境而苦惱時，並不代表沒有希望或者是沒有方法，很有可能只是「你知道的方法」不夠多，積極的嘗試新事物、與他人交流便是跨出你的舒適圈尋找解方的第一步。現在網路上的資源真的很豐富，你能夠在各式各樣的社團或是活動平臺中自主地去選擇想學

習什麼新知、想接觸到哪一類型的人。透過各種講座、活動
中與不同圈子的人交流的過程中，你會發現原來自己的視野
還不夠大，也一定會慢慢從他人的經驗和工作中挖掘出更多
的可能性！

4. 你可以詢問他人意見，但不要迷失自我

　　我相信在上述這些自我探索的歷程中，你一定會慢慢釐
清方向，找到自己接下來想朝哪個目標前進；也會想要找人
傾訴、徵求意見，確認自己的想法是否可行。這時候你一定
會面臨下一個挑戰，那就是如何面對來自所有人的「中肯建
議」。大家可能會告訴你風險有多大、可能性有多低、失敗
率有多高，這些話都足以讓你又開始陷入另一個迷惘之中，
或是讓你舉手投降放棄。

　　無論你是想轉換跑道、出國打工遊學，又或者是啟動一
項新的創業計畫，在興奮地和朋友分享你的「新想法」之前，
最好先好蒐集各種成功的案例，並透徹地研究這些典範過去
是如何從零開始，試著從中找出達成目標的確切方法。當你
足以說服自己的時候，再和他人分享尋求意見，否則很容易

因為外界的一言一語而又再度迷失自我。

　　用一顆開放的心去面對這些所謂的「中肯建議」。當別人告訴你這件事的可能性多低、風險有多高時，請不要全盤否定也不要全然接受，而是要去思考：「那我該如何提高可能性？如何降低風險？」然後試著再去找出其他方法和答案。切記：別讓「別人口中的不可能」，成為你無法改變的藉口或理由；也別讓那些不理解你的人，成為了自己人生的絆腳石。

2-4　有時候，「放棄」反而會帶來更大的成功

我一直都相信，人來到地球的目的就是為了要盡情享受生命、探索生命，所以千萬別把追求夢想當作是一種很大的壓力。別讓情緒隨著它過度起伏，甚至因為害怕自己做不到、做不好而患得患失或廢寢忘食；也別老是羨慕別人為何可以活在你夢寐以求的生活之中，而是應該要將「追夢」這件事當作是一場有趣、好玩的 RPG 遊戲，一路上享受蒐集情報、寶物、練功升等的過程！

擁有「夢想」是一種簡單的幸福，因為它將成為你採取任何行動的燃料。試想一個人如果沒有夢想，他的生活將會是多　地乏味。所以即使這個夢想聽起來很單純、很可笑，我都很慶幸自己是一個「有夢的人」。也千萬不要妄自菲薄，認為自己的目標太天馬行空；或因為害怕別人的眼光和指教，就不敢承認或接受自己想做這件事的事實。我會說，在你還沒有採取任何行動之前，都千萬不要預設立場認為自己不可能——唯有嘗試過、努力過、失敗過的人，才有資格懷疑自我。

也曾經有人問我：「如果知道自己的目標，可是不知道怎麼做該怎麼辦？」

當初我想留在西班牙工作，一開始也不知道有什麼方法，就只是按照常理在網路上搜尋，看看其他前人的案例，一步一步分析如果是自己，還可以怎麼做？而現在開始遠距工作，成為社群顧問、音頻節目主持人、講師，由於這是相當新興的職業型態，除了不知道有什麼方法，更沒有什麼前例可循，但我還是做到了自己想做的事。

人生本來就沒有「使用手冊」，所以請別糾結於你「不知道怎麼做、該怎麼辦」。當初的我也只是傻傻地、地毯式地搜索找得到的任何方法，秉持「精實創業」的精神創造我的人生。只要某個行動看起來好像能夠讓我更接近夢想一步，我就會拼了命地立刻去做；一旦發現好像行不通，就立刻換個方法去執行，這樣的態度也讓我即使面臨失敗，也從不感到懊悔。

有時候，放棄才會獲得更大的成功。「有志者事竟成」

「吃得苦中苦，方為人上人」「鍥而不捨，金石可鏤」等名言錦句，從小教育我們從小要成為一個堅忍不拔的好青年。這樣根深蒂固的觀念，換來的正是對於「放棄」這件事的負面刻板印象。社會上往往認為「放棄」就是沒抗壓性的「草莓族」、三分鐘熱度的代名詞，因此許多人會對於選擇放棄的自己感到自責、自卑，進而產生罪惡感。但我現在必須告訴你一個殘忍的事實：並不是只要堅持，就會獲得最好的結果！

如果當初我沒有放棄墨西哥的高薪，怎麼可能會回到西班牙？如果我沒有放棄留在西班牙唸書，怎麼可能踏入夢寐以求的時尚業擔任社群行銷？如果我沒有放棄繼續在時尚業闖蕩，怎麼可能有機會開始實踐理想中的遠距工作生活？你是否也發現，我的每一個成就和進步，其實都是建立在「對的放棄」之上。在下一個章節中我也將告訴你，我是如何在一年內連續放棄三個工作機會不斷跳槽，選擇在對的時機點放下無謂的堅持，然後轉個彎繼續往前。這讓我看到更不一樣的風景，也獲得了更大的成就。

S 教授的職涯相談室③

Q：想追逐夢想卻失敗，我該怎麼辦？

A：別當不切實際的造夢家，切忌「想得太多，做得太少」。

當然，在追夢的路上你一定不會一次就成功，所有被拜讀到爛掉的偉人故事，都是歷經一路跌跌撞撞，才終於換來了燦爛的名聲和成就。所以這也意味著：每失敗一次，你就離夢想又更近了一些。明白了這個道理以後，即使從天堂掉到地獄，也不會讓你感到太失落或太難過。我當然能懂一路破關到最後，結果在最後一刻總是過不了魔王這關，不斷 Game Over、被宣　失敗的心情有多嘔。而面對這樣的情形，我們也不要當一個不切實際的造夢家，在逐夢的旅途中，你要謹記以下這三個原則：

1. 將大夢想拆解成一個一個小目標

目標夠大膽是一件好事，但太遠大的夢想總是令人卻步，不如試著將它拆解成一個一個零碎的小任務吧！想一想如果要達到這個目標，你會需要完成哪些事情呢？

例如，「想留在西班牙生活」分別能拆解出這些小目標：報考西班牙當地的碩士、在當地找到工作、申請工作簽證等等，只要再依照這些任務的困難度排出優先順序，你將會發現原本大家不看好、認為是癡人說夢話的夢想，瞬間變得不再那麼遙不可及。

2. 為夢想設立「檢核點」和「停損點」

越大的夢想，所需要花費的時間成本可能就會越高，建議大家在執行任何大小企劃時都要養成設立檢核點和停損點的習慣。拉出一個時間軸，將你拆分出來的小任務一個個依序分配到預計執行的時間點，並選擇一個合適的時機做為「檢核點」。檢核點的作用是為了要讓你停下腳步，檢視自己執行的進度是否有如期進行；一旦落後，便要檢視問題根源，是犯了拖延症導致跟不上進度？又或者是所需資源不足？然後再衡量下一步該怎麼調整。

「停損點」則是你必須要給自己一個終極的截止日期，不要浪費時間在無止盡地試錯，或投資過多的金錢成本。例如，我也曾告訴自己要用碩士這一年去應徵當地公司，獲得能留下來的工作簽證；一年後到了停損點還是無法達成，就立刻停止，不要再繼續浪費時間和金錢。

3. 想得太多，做得太少都是枉然

當你規劃好要如何一步步往夢想前進，切記最重要的就是「行動、行動、行動！」因為很重要所以說三次！我最常

收到私訊或在講座上聽到粉絲提問「如果做不到怎麼辦？」「如果想換工作可是沒信心怎麼辦？」通常會這樣問，都是因為你嘗試得不夠多，又或者你從來都沒有採取行動。

　　人類的最大惡習就是一直不斷問自己「怎麼辦？」問完之後又不好好地回答自己。如果你願意花一點時間去回答自己心中的提問，並靜下心來思考，一定都會找得到答案。

第 3 章

相信自己永遠值得
更棒更好的工作

3-1　別低估了自己的價值

　　雖然抱持著滿滿的信心和希望回到臺灣，但我在第一年就著實見識到臺灣惡劣、封閉及各種戲劇化的職場環境對普通員工是多麼地不公平。不過由於先前做了一番職涯探索，了解自己的價值在哪裡，所以遇到壓榨或各種不合理的開價我也根本沒在怕；也因為從西班牙同事身上學到了如何大聲說出自己的想法來捍衛工作權益，讓我更有勇氣向不好的老闆和主管說再見，在一年內就換了三份工作，而且還越換越好、越跳越高！

　　我第一份面試上的工作，是在一間國際時尚品牌選物店擔任視覺行銷經理。雖然職缺名稱高掛經理二字，薪水竟然不到 40K，可說是低得不可思議。這對當時剛回臺灣的我來說簡直是震撼的文化衝擊，我沒有想過自己在墨西哥奮鬥了五年，又到西班牙攻讀碩士學位，薪水還被砍到只剩當年在墨西哥的三分之一。這間公司也使出了多數老闆的慣用伎倆，提出希望我先去做做看，三個月試用期過後如果雙方都合意再調整薪資，我便不疑有他地答應先進公司嘗試看看。

　　但我做越不甘心，除了工作內容與一開始面試所說的落差極大，也漸漸感覺到原來當初有很多事情都刻意被講得模稜兩可；外加我對於行銷和設計有很多自己的想法，卻常常被老闆垢病設計出來的東西太高冷、不符合品牌調性。雖然「美感」本身就是很主觀的認知，但如果沒有遇到一個懂得欣賞自己的伯樂，而是得逼迫自己去迎合他人的胃口，反而是一種受限，令人很不自在。

　　於是我在內心告訴自己：必須要清楚知道自己在市場上的價值不只是這樣，設下一個最低可接受的薪資標準後就要堅持到底，不可退讓。我再度拿出生涯定位圖盤點自己的優勢，決定拿著這些籌碼去和老闆談判薪資，如果無法達到我預想的標準，那就只好說再見！

　　「過去我曾經在墨西哥擁有五年的營運經驗，不管是行銷、營運、銷售我都非常熟悉，加上我在西班牙擔任過陳列師，所以公司如果要求我一起來幫忙店面的事務，我也很樂意，因為你也相信我的經驗一定可以為你們的品牌帶來不一

樣的新氣象和轉變。不過現在這個薪水對我來說，並不符合我所認知的價值，我的履歷上也滿清楚地列出預期的薪水，希望您可以再重新考慮一下。」

這段話對於很多臺灣求職者或企業來說或許稍嫌直接，但我實在是氣不過臺灣老闆不懂如何好好衡量一個人才的價值。可能也因為是很長一段時間沒在臺灣工作，讓我比別人更有勇氣說出真話。但萬萬沒想到，這位老闆竟然回我一句：「嗯⋯⋯那好，看在你是碩士畢業的份上，我幫你加個兩千塊吧。」

當下的我聽到這句話一點也開心不起來，反而覺得自己的能力和經歷被糟蹋了一番。即使加了兩千塊也還是不到40K，距離我預期的薪水還有一段距離，最後我便直接回絕他：「抱歉，我真的覺得自己值得更好的，所以我想這份工作可能不適合我，也祝福你們可以找到適任的員工。」

很多人在面對惡劣的求職環境時，因為害怕待業空窗期太久，又或是擔心沒有收入必須得吃老本，便會選擇去接受

一個不如預期的工作。即使薪水低得可憐、不符合自身價值，還是會選擇忍耐下去，且戰且走。但我認為，倘若你本身並沒有太大的經濟壓力，應該給自己一點時間多方評估一份工作能提供給你的價值是否與你對等，再決定去留。而這其中要評估的當然不僅僅是有形的「薪資」價值，也包含了無形的價值，例如：是否能學到新技能、認識人脈、累積業界經驗等等。當初正是因為我知道自己能提供的價值大於這家公司能給我的價值，才敢如此瀟灑地轉身離開。

而我也發現一個令人驚訝的事實：臺灣多數職場老鳥還停留在「被估價」的老派思維，我們隨時隨地都在接受資方拿著放大鏡檢視，卻很少人敢反過來去「估價」一家公司，去檢視一份工作是否值得我們投資時間和勞力。要扭轉惡劣的職場環境，除了資方該放大格局了解「員工就是公司的資產」以外，若沒有經濟壓力，勞方也不應該集體縱容或接受不對等的待遇。工作不應該只是為了糊口飯吃，而是多重價值的衡量。薪資如果不到原先預期的標準，你就要去思考工作所帶來的其他「無形價值」，是否能補足實體的空缺。

　　不過對於新鮮人來說，沒有相關工作經驗的確很難把薪水談高；即使你有再多的實習經驗，對公司來說加分的程度也有限。一旦與你競爭的面試者中有兩三年實戰經驗的老鳥，且薪資開價與應屆畢業生相差不遠，公司當然就會優先錄取他們。但正如前面所說，找工作的唯一衡量並不是只有薪資高低，連其他的附加價值都要一併考量，而新鮮人的考量應該要以是否能學到技能、累積實戰經驗和作品集、為履歷加分等做為參考方向，並在進到公司後以隨時都有可能離職的心態盡情學習，為下一個更好的工作做足準備！

S 教授的社畜職場學

別人評估你前，你要先估好自己「值多少」

準備轉職的職場老鳥要懂得盤點自己的軟硬實力，如果你確信自己值得多少薪水，就別任憑他人低估自己的價值。若你是沒有太多工作經驗的社會新鮮人，挑選工作則應以「無形價值」做為優先考量！

3-2　無論日子再安逸，都不要停止探索自己

　　我的求職運其實還算不錯，不到一個禮拜的時間又找到第二份工作，這次是到一間在臺灣已有二十幾年歷史的快時尚品牌擔任社群行銷。這個在地品牌過去都是主打線下的高端族群，在全臺總共有將近 80 間分店，當時公司正希望能推動品牌轉型經營電商。我在電商部門草創時期就加入，和主管兩人一起從零開始，一步步將網站慢慢搭建起來。我在這裡盡情地學習到了原先在生涯定位圖上所預期的電商營運基礎。

　　除此之外，我也深入和視覺、設計部門一同參與每一季的形象拍攝與時尚趨勢分析。由於公司線下資源豐富，不斷增設聯盟店面，也讓我學到如何在開幕時主辦一場 VIP 派對，邀請來自凱渥的各大名模來走秀、發表新品；並與公關公司合作直播，將線下時髦的氣氛一起帶到線上與粉絲同樂。同樣都在品牌端，但這些都是過去在 MANGO 擔任視覺陳列師時無法接觸到的領域。

在還未揭露這家公司的隱憂之前，這是份堪稱完美、夢幻的職缺。除了薪水不錯、離家超近，主管也非常信任我，願意帶著我一起成長，毫不藏私地將電商、數位行銷的所有技能都傳授給我，在短短兩個月內真的學到了非常多東西。但好景不常，我漸漸發現公司內部高層的氛圍很不對勁……和主管吃飯的過程中，常會聽見大家拿離職開玩笑，或是聽到哪個部門的誰又離職了。我無意間發現這家公司有如上演著後宮甄嬛傳真人版，一位皇上的寵妃正在濫用權力干政；果不其然，一夕之間風雲變色，我的主管和其他部門的高層沒多久後竟都在同一時間離職了。

這對剛過試用期的我來說是非常大的打擊。過去在主管的保護傘下我可以安然無恙，不怕被捲入鬥爭；但主管一走，我就開始擔心對方會一個不開心就將矛頭對準我，害怕自己淪落為宮鬥劇中被娘娘找碴的女配角。於是我在心裡默默下了決定，設立一個停損點。我決定給自己三個月時間，徹底學習所有主管交接給我的事務之後，再視情況決定是否要因為內部鬥爭犧牲自己工作的權益。

　　三個月後這場宮鬥劇開始緩和下來，我也很快地學會了主管交接的工作，一切都非常順利地步上軌道；不過日復一日地重複著相同的工作，開始令我感到相當枯燥乏味。社群行銷本該是個充滿變化和創意的職位，但由於公司給的行銷預算有限，我也不需要發揮什麼創意，只需要按部就班地跟著公司的步調走。除了平常的拍攝與店面活動還能保有微微的新鮮感，其他時間就只能像是機器人一般無意識地發貼文、下廣告。這雖然相當輕鬆安逸，做少少的事一樣可以領到不錯的薪水，但失去「挑戰性」後反而讓我漸漸地對這份工作失去熱情。眼看公司的主管依然來來去去，我卻看不到在這家公司做得再久能有什麼願景，一度在留與不留之間猶豫不決。

　　同時我也一直在思考：難道自己的職涯極限就到這邊了嗎？我還有好多好多行銷的創意企劃想要發揮，但真的要因為公司沒預算，就要讓自己的創意成為一灘死水嗎？這樣的工作環境和文化真的是我要的嗎？最後，我因為不甘心過得太安逸，不相信這就是自己最好的發展，也因為相信自己的能力值得更好的，而暗自下定了決心。第六個月在因緣際會

之下，我看見某知名時尚雜誌剛好開出「社群行銷」的職缺。投了履歷、經過兩次面試順利拿到 Offer 之後，我便立刻向公司提出辭呈選擇離開，繼續往更適合自己的道路邁進。

很多親朋好友在當時都不能理解為什麼我一直在換工作。在臺灣這麼競爭的求職環境下，能有一個錢多事少離家近的工作，為什麼不能好好珍惜？他們認為我不夠知足，何必自找麻煩；但實際上，每個人對於職涯的選擇不盡相同。有的人喜歡「剛剛好」就好，有的人則喜歡「繼續追求更好」，而我很清楚自己並不想要一個剛剛好的安逸人生——我想要變得更好！想知道自己的職涯極限在哪，也很清楚自己還有很大的潛能沒有發揮！

嘗試了這兩份工作之後，我也更確信自己對於社群行銷的無限熱忱。我喜歡運用各個平臺的特性去玩內容、喜歡藉由社群觀察人類行為，也喜歡做行銷能與他人交流、溝通的感覺。我絕不能因為不公平的外在因素讓這份熱忱被澆熄，也絕不能因為日子過得很安逸，就認為自己已經做到最好而停止探索自己。

S 教授的社畜職場學

蒐集情報的最佳管道，就是跟你的同事吃飯

<u>剛進公司的時候，千萬不要放過與同事吃飯的機會。</u>有時候你會在飯桌上聽見許多公司不為人知的秘密，此時正是你可以一邊蒐集情報、一邊衡量公司好壞的最佳時機。一旦發現苗頭不對，就設下一個停損點，告訴自己要在多久時間內學到怎麼樣的程度，再去衡量是否該轉換跑道。

3-3　鑽石到哪裡，都還是耀眼無比

　　我想大家或多或少都聽過臺灣職場的一個不成文規定，那就是「不管工作再爛，都一定要做滿一年再走」。這個都市傳說簡直比鬼故事還要可怕，嚇壞不少初生之犢。然而看完我前面的經歷，你真的認為是如此嗎？這本書可能跟以往你看過的職涯勸世書很不同。大家都在勸你要把所有的苦水所有的委屈都往肚裡吞，好好珍惜得來不易的工作機會時，我則是持相反意見：你要勇敢的為自己 Fire 掉慣老闆，不管時機再差，也不要將就一份不喜歡的工作。

　　而我想每個人心中對於「慣老闆」的定義應該都不太一樣。大多數人認為，給不出高薪、不給加班費就叫做慣老闆；不過對我來說，我認為不懂得欣賞員工特質、不懂得明辨是非對錯、不懂得照顧員工的內在需求、不懂得衡量員工的「價值」；不願意教育員工，讓他學習更多技能、加強職場競爭力；或是不信任員工也不給他發揮的舞臺，一味控制下屬的一言一行，不願意打開耳朵傾聽，這樣的行為才叫做慣老闆。如果你在職場上受到這些不公平待遇，或是和我一

樣發現在這家公司已經學無可學，帶給公司價值的同時卻沒有獲得令自己滿意的回饋，就應該要勇敢開口爭取屬於自己的權益。你可以嘗試和老闆聊聊，討論出雙贏的解決辦法；若溝通真的無效，再進一步思考是否該往更好的地方跳槽。如果你確信自己在市場上是一顆亮眼的鑽石，就也要堅信自己到哪裡都還是能散發出耀眼的光芒。

　　讀到這邊，請你也先不要衝動地急著提出辭呈。提離職雖然也是「放棄」的成功哲學之一，但在你越想越委屈、氣噗噗的同時，也很有可能不小心過度放大了自己的市場價值。為了避免你做出錯誤的判斷和決定，接下來我將提供幾個在你大喊「不想幹了」之前，除了衡量自己的市場價值之外所需要考量的更多面向。

1. 確認真正的離職動機

　　這聽起來像是一句廢話，但的確有很多人不明白自己真正想離職的原因到底是什麼。我常聽到身邊同事一天到晚嚷嚷著不想做了，問他為什麼，卻總是回答不出一個確切原因。

與其說出一些「因為同事很煩」「主管很無腦」「公司不重視我」等模稜兩可的理由，不如具體找出你真正的離職動機，例如：「覺得同事主管很煩，是因為與主管和同事在溝通上有認知落差。」「沒有受到公司重視，是因為自己無法配合諂媚文化。」然後也別先急著去檢討公司，而是應該要反思問題是否來自於自己。不管是或不是，那有沒有什麼方法可以試著解決這些問題？千萬不要在尚未釐清真正的離職動機，就讓自己不明不白地離開。

如果是因為遇上職場霸凌、性騷擾等嚴重的事件，也千萬不可因為受到委屈就退而求其次，立即離職。因為如果遇上這些不公平對待，該走的人其實並不是你啊。即使不想待下去繼續忍受，也要先討完公道、獲得賠償再離開。

也有人的現職很完美，但因為人生有更遠大的夢想，於是便畫好未來的藍圖、確立新的職涯目標，並且規劃好下一步棋該怎麼走，這樣的離職動機才是最值得嘉許和鼓勵的。

2. 換了工作，原有的問題就消失了嗎？

　　找到離職動機以後，我們還需要釐清這些問題點是屬於「可控因素」還是「不可控因素」，例如：薪資、福利、制度都屬於不可控因素，這些項目多數都得按照公司既有的遊戲規則，我們幾乎無從著手改變；但像部門溝通、工作流程等皆屬於可控因素，也許就能試著找出方法解決看看。

　　然而有些難以處理的問題，真的換一間公司就不會遇到了嗎？諸如心機重的機車同事、無腦不負責任的主管、壓榨員工還不自知的老闆、瘋狂加班還沒被升遷的無理責任制……等等，這些問題難道在別家公司就不存在嗎？答案當然是：不可能。我只能說職場是殘酷且現實的，每家公司都有它無法解決的問題，不管是大中小型公司的問題都不盡相同，因為這世界上就是沒有真正完美的工作。

3. 你的經濟狀況允許你待業超過三個月嗎？

　　在真正離職前，最最最重要的還是要先衡量自己的荷包有幾兩重。我看過太多案例把換工作這件事想得太簡單，以為一離職就能順利無縫接軌，在沒有多餘存款的情況下提出辭呈，最後過了相當煎熬的一段待業期。老實說，求職也是

要看時機和運氣，運氣不好遇到畢業季或是求職潮，待業期從半年拉到長達一年都是有可能的。

　　一般情況下，我們的平均待業期差不多是三個月，因此要準備好充足的三個月基本生活費，才不會一下子就把本錢燒光。一旦存款不夠多，眼睜睜看著戶頭裡的數字日益減少時，很容易就會因為金錢匱乏產生壓力，導致你為了糊口飯吃而勉強自己去將就一個不喜歡的工作，繼續掉入另一個做了不喜歡、不喜歡又離職的惡性循環。你還不如先準備好充足的轉職基金，才能放心地利用時間進修，讓自己喘口氣慢慢篩選、尋找你真正理想的工作。

4. 你想好下一步要去哪了嗎？

　　當你釐清了真正想離開的原因、確定目前的問題無法被解決、也準備好了轉職基金，最後一個問題就是「下一步要怎麼走」？多數人會釐清了現況，卻忘了要同步規劃未來。這個下一步，並不是要你們去思考長遠的人生目標，而是至少要明白知道：你離開後的目標是要跨行轉職？去進修？還是只要換一家公司就能接受？如果以上都不清楚，那建議你

再回到前面的章節，複習一下關於迷惘的時候該怎麼做。

　　建議你把下個心目中理想工作條件逐一列出，這樣至少會讓你有個明確的求職方向，而不是提了離職後便開始亂槍打鳥；如果連自己下一步要怎麼做都不清楚，勸你還是不要輕易地提離職。

3-4　什麼叫做完美的工作？

終於逃離上一份充滿惡性鬥爭的職場環境之後，我推開了另一扇許多女孩都夢寐以求的時尚大門。在到職前一個晚上，我興奮得睡不著覺，因為我總算能脫離品牌端，進入介於甲乙方之間的媒體業。能站在時尚的橋樑上擔任社群行銷編輯，簡直是完美的工作。一想到可以接觸到更高端的品牌與名人，到職後我便摩拳擦掌、蓄勢待發，期望能學習到更多行銷技能，並為自己累積更多的作品集。這間公司其實是來自美國知名的媒體集團，當時在臺灣旗下總共有三大時尚雜誌。雖然它們早期都是以紙本起家，但實際上在臺灣早已成功轉型為數位媒體，同時也坐擁百萬粉絲團，擁有不容小覷的龐大網站流量及社群傳播力！

當時我擔任的職位正好面臨過渡的轉型期，他們將社群行銷另外獨立出來自成一個團隊。我們團隊的工作定位看似是站在管理職的高度，要負責分析全公司最重要的網站數據、擬定策略讓編輯們能夠 Follow up，還必須時時刻刻站在第一線發布重要新聞到社群上；但實際在執行面上，我們

卻總是處處被打壓。

當時他們正想將社群經營的重心轉移至 Instagram，但毫無章法的內容發布方式讓整個帳號陷入了停滯期。於是我接到的第一個任務，就是要重新擬定 Facebook 和 Instagram 的整體行銷與內容整合策略，讓編輯們可以按照一套既定流程在社群上即時發布新聞，同時達到提高互動率、導流到網站的目標。我當時躍躍欲試，因為整合與分析一直以來都是我在職場上最擅長的事。

然而多次會議下來，我才發現：要改革一個組織的流程，絕對並非易事。由於我們是公司裡最新也是最嫩的團隊，在部門之間根本沒有實質的話語權與執行權。光是一個 Instagram 的策略，我就得來來回回在不同主管之間周旋、塗改多次；當好不容易取得完美的平衡點，在會議上提出之後又會屢屢被打槍。雖然看似是由我來決定平臺的走向，但說穿了我只不過是在擔任一個「不斷給意見」的角色，根本毫無更動調整的權利。

　　光是初期的第一個挑戰，就足以讓我摸透整個公司文化。除了花費太多溝通成本之外，更多時候我們都是在做白工。團隊也經常被使喚去擔任各個部門的雙手，要協助編輯部跟拍封面、想社群腳本企劃宣傳紙本內容，要幫忙行銷部串連線下活動到線上宣傳；偶爾還要教育業務部如何「適當地包裝」社群廣編，簡直分身乏術。

　　公司擁有非常龐大的媒體公關資源，基本上只要我想得出來的企劃幾乎都能如期執行，不像過去在服飾品牌發想了千千萬萬個行銷企劃，最後都因為公司沒有預算而讓創意胎死腹中。但站在一個國際時尚雜誌的高度，在做內容時便有一定的偶包，維護品牌形象幾乎是所有企劃的優先原則。這雖然是非常合理的要求，但對一個充滿創意的行銷人來說卻是一種折磨，因為所謂的形象與美感幾乎沒有一把明確的量尺，而是得一一呈報給資深主編和總編評斷，別無他法。毫無話語權的我們，也只能接受握有大權的部門不斷地雞蛋裡挑骨頭。

　　即使如此，我還是非常喜歡在這裡的工作內容。雖然工

作節奏飛快，經常沒日沒夜地被新聞追著跑，外加上時裝週一點也不光鮮亮麗——編輯們飛到國外看秀幾乎每天都睡不到三個小時，我在臺灣也不分平假日都得半夜起床和他們即時連線，核對隔天要協助發布的社群素材。累歸累，但能夠接觸到各種一線藝人、名人和意見領袖，也能拿著公司的頭銜爭取到許多資源去執行任何企劃，向主編和主管們學到非常多東西。這份工作也讓我開啟了各種人生的初體驗，例如：第一次去金曲獎紅毯現場、第一次到臺北時裝週後臺走跳、第一次和莫莉團隊一起拍攝時尚大片、第一次觀摩亞洲時尚大賞、第一次為上百人的典禮進行串流直播……等。短短的一年內我就開了很多眼界，也在社群上替公司大大小小的活動做出一定的聲量。

但每當自己忙個半死，公司內部卻還是無法尊重、認可社群團隊的專業時，總讓我不禁對留在公司的未來發展感到茫然。同時，我也發現這行的薪水天花板奇低無比，我早已預測到即使繼續在這裡賣肝，十年後的薪資也無法爬升到當初在墨西哥的程度。認清這些事實以後，我又再度陷入人生的另一個迷惘低潮，因為我是真心的喜歡社群行銷編輯這份

工作的每個環節、每個內容。每一次執行專案時，我都能感受到腎上腺素被激發的興奮感；但只要案子一結束、得回頭過來面對權責分配不均的公司文化，就令我感到相當無力。我自認為在職場打滾多年的自己已經非常會做人，試圖在部門之間扮演優良的傳聲筒來回溝通，但和夥伴們卻依然改善不了這些在內部被默許的各種不公平。

　　我從以前就不斷將注意力放在如何增進自己的實力，增加自己的市場價值，以為只要「工作內容完全符合興趣和專長」，就能夠稱之為「完美」。但一直到出社會七年後，我才明白：原來一家公司的文化是如此的重要。即使自己再有價值、再有才能，沒遇到懂得欣賞你、願意給你舞臺的伯樂根本都是白搭。我開始檢視過去的自己，我一直不斷追求所謂薪水、頭銜、名片這些外在需求，卻忘了仔細地、好好地照顧自己的內在需求：「我期望能有發揮創意的空間」「我期望能和所有部門都相處融洽」「我期望自己的專業被尊重」其實早在過往每個工作低潮期，這些聲音都曾經在心中對我自己吶喊，因為這些才是真正影響一個人是否能在工作中獲得快樂的關鍵要素！

　　所以說，到底什麼叫做「完美的工作」？套一句《一個人的獲利模式》這本書中所說的話：**「完美的工作不是找到的，而是創造出來的！」** 在這個求職市場中，並不存在真正完美的工作，只要你是在他人建造的體制下工作，就是會不斷遇到各種不如意、不合常理的待遇。我們一直死命攀著追求理想工作的天梯，以為只要登高就能到達幸福的終點；卻絲毫沒有意識到**雙腳踏著的梯子都是別人搭建給你的，一旦他用力一抽，就有可能讓你重重摔得渾身是傷。**

　　但我很清楚：過去從國際貿易一路轉職到現在，多年累積下來的充沛實戰力，根本已經不需讓我再去承受這麼多的委屈；也不用像那些花費力氣躋身進來，卻得無薪實習好幾年的年輕女孩，只能邊蹲邊熬期盼著哪天能夠麻雀變鳳凰。與此同時，創業的念頭就這樣在我心中播下了種子。

S 教授的社畜職場學

比起過得不錯，你更該讓自己過得開心

你對一份工作的憧憬，不應該只是因為工作內容、薪資和頭銜等外在條件。這些物質上的滿足只能讓你日子過得不錯，但沒辦法讓你過得開心！請試著去思考，並檢視現在的工作是否滿足你的「內在需求」？如果沒有，那麼恭喜你終於找到自己為什麼做得不開心的原因了！

3-5　從時間和空間中解放，繼續追夢

當我找到了人生的下一個目標：「創業」，態度立刻從消極變得積極。你們知道的，一旦我立下了一個目標，就絕對會使出渾身解術，用各種方法去達成它、實現它！我也因此開始養成大量閱讀的習慣，一邊學習和參考他人的成功學與管理學，一邊思考如果自己要脫離公司，到底應該怎麼做？就在這個時候，我無意間接觸到一本改變我後半段人生的書：《現在的工作方式還能持續多久？未來人的行動波希米亞式工作與生活》。

書中提到，在這世界上有一群人不需要仰賴公司體制，也不需要被時間和空間綁架，能自由自在地一邊到處旅行、一邊工作，他們就是「數位遊牧工作者」。

數位遊牧工作者的概念和我們常聽到的「自由工作者」和「遠距工作者」很像，但是又有點不同。簡單來說，這三種工作型態的特色與它們之間的差異如列表所述：

	自由工作者	遠距工作者	數位遊牧工作者
工作地點	不一定，視業主需求。例如：自由導演、自由攝影師，都須因應業主要求到指定場所工作	家裡 共享空間 咖啡廳	升級版的遠距工作者，在不同國家、城市之間移動
工作時間	通常是自由安排，但偶爾必須配合業主	通常是自由安排，但偶爾必須配合團隊或公司開會時間	通常是自由安排，但須在業主指定截止日前完成工作
工作內容	同時用多重不同技能接案，藉此打造多元的收入組合	不受時間地點限制，除了負責公司的工作，也會在業餘時間接案	以上兩種工作內容皆可
服務對象	一次對多個案主及企業方	通常是一人公司，或隸屬於某個新創團隊或公司	上述兩種情況皆有可能

　　以上這三種工作型態雖然有著些許差異，但實際上都有一個共同點——大多數這類型的工作者都同時具備不同的數位技能，並能運用這些技能打造不同的數位組合，藉此達到「分散職涯風險」的效果。

　　我知道，身為普通上班族的你們一定覺得這樣的工作模式對自己來說遙不可及；但我過去也是一直處於企業體制下的普通上班族，而我現在的工作室團隊就是遠距工作室的狀態。

S 教授的職涯相談室④

Q：工作無法突破時，要如何創造更多元、更高的收入？

A：只要將技能「隔套出租」，你就能打造多重收入組合！

你有沒有想過，在一家公司上班的一天八小時中你到底做了多少事情、用上了多少技能？你有時候甚至不只工作八小時，也不只做自己職責內的工作，但每個月領到的薪水永遠都是一樣的數字——你根本沒有薪資的掌控權！但倘若你能將這些技能「隔套出租」給不同業主，就能提高每個技能的單價，藉此打造大中小型及長中短期的收入組合。只要將雞蛋放到不同籃子裡，無論哪份工作結束，你都還是有其他案源收入能夠支撐。

此外，你還能依照案件的困難度更有彈性的和業主談價格，也能依照每個月的收入狀況去調整接案的數量和組合，讓薪資的掌握權實實在在的回歸到自己手上！

將技能隔套出租
（以我在媒體業的社群行銷工作為例）

原本在同一家公司每天都運用這麼多技能在工作，可是領的薪水都還是一樣

將技能「隔套出租」之後，就能像出租套房般將每個技能販售給不同的業主，創造更多元甚至是更高的收入

打造多重收入組合

只要能聰明運用技能、打造多重收入組合,就能分散職涯風險。即使突然少一份工作,也絕對不怕沒飯吃!

　　如同上述,只要習得像修圖、剪輯、程式語言、APP開發、社群行銷、文章撰稿之類的數位技能,就能夠只仰賴一臺筆電、平板或甚至是一支手機,不受時間與空間限制地成為自由接案者、遠距工作者;甚至還能升等為數位遊牧工作者,一邊旅遊、一邊工作!

　　認識這個工作型態,讓我宛如在一片汪洋中終於抓到了浮木。我發了狂似地在網路上搜尋,想了解是否還有更多人也像這樣在自己喜歡的國家與故鄉間來回工作?才發現原來在臺灣已經有一小群數位遊牧工作者存在。我不禁想:「如果擁有數位技能就能實現這樣的生活方式,是否未來我也有機會在西班牙與臺灣之間來回工作與生活呢?」

3-6　被壓榨了嗎？是時候換你良性壓榨公司了！

　　命運真的很奇妙，好似宇宙早已默默安排好了這一切，讓我遇到各種轉捩點和暗示，要我往下一個階段前進。這些小小的命運提示總會在我努力奔跑、揮灑血淚之後出現。人生就是如此，如果你在烏雲密布、下著大雨時停留在原地，那當然怎樣都擺脫不了這惡劣的天氣；但如果你願意往前多走幾步、多跑幾下，總會找到屬於你的屋簷。

　　這本書就是當時給我力量和希望的屋簷，一旦心中有了目標，就能把在公司受到的委屈和辛苦全部拋諸腦後。我決定再給自己幾個月的時間，好好精進所有能在公司學到的數位技能，同時極盡所能地運用公司資源執行更多社群企劃、累積更多的作品集。如此一來，我便能用自己的社群行銷專業開立工作室獨立接案謀生。接下來這段時間，我決心不再當個傻傻被老闆壓榨的小媳婦，而是要反過來良性壓榨公司，開始進行一場學習的反撲！

　　我開始將在公司上班的所有日常都當作是「職能訓練

課」。例如：公司有很多無用的馬拉松會議會摻雜著各方人馬，各個部門常聚集在一起各說各話報告給老闆聽。大家聽到與個人工作不相干的內容時，總是會埋頭繼續處理自己的工作。原先我也和所有人一樣，一想到要參與這些和自身工作無關的會議就覺得煩躁；但改變了心態之後，我就變得無比地積極，開始注意聆聽每個部門主管所分享的內容，是否有我未來可能用得上「數位技能」可以學習。像是主編有時會更新美國總部提供的 SEO 資訊，在會議上告訴編輯們應該要如何下關鍵字和標題，即使這件事完全與我無關，我也會卯起來做筆記。

又或者美國那邊常會在一大早和我們開會，進行 Google Analyitic 的數據分析教學。大家在會議中打盹的同時，我都會精神抖擻地專注學習。除此之外，我也盡情應用公司的媒體資源認識來自各個圈子的人脈，並在各個大型活動中都留下自己的足跡，藉此累積更多社群行銷的作品集。

你認為在工作上的投資報酬率太低嗎？是否也正在為了薪水太低、工時太長、老闆太難搞、同事太機車而叫苦連天

呢？我們對於「壓榨」的定義，通常是來自老闆一直要你做超出職責範圍內的工作。十人份的工作只給你一人份的薪資當然令人感到不公，但你是否曾想過：即使做得再多也只能得到有限的「有形價值」，你還是可以透過以下這些方法反過來良性壓榨公司，藉此獲取「無形的價值」。只要以此平衡你多付出的那些心力，你甚至能得到更多預期的收穫：

1. 利用公司活動大量搜刮人脈
2. 極力爭取屬於你的利益和福利
3. 盡全力帶走對你有利的技能
4. 善用部門教育經費報名課程
5. 利用公司專案在業界留下代表作

例如：當我在寫影片企劃時，一定會叮嚀剪接師在影片最後加上我的 credit，因為我們這些 PM 或幕後人員時常容易被遺忘。如果你花了很長時間寫腳本企劃、跟拍、統籌等，可別讓你的心力白白付出，至少在最後附上你的名字，利用執行公司專案的同時累積作品集或代表作。

　　出席公司會議或活動時，我也會相當積極地和交流的合
作對象交換名片，在大量搜刮名片的同時認真和他們經營關
係；在公司內部，我也儘量協助其他部門的同事，藉此贏得
人心、帶走人脈！

　　當你已經榨乾它，沒什麼好學也沒什麼好帶走時，就代
表擺脫這間公司的時候已經到了。只要你準備好，你就永遠
都有資格挑剔公司和工作，不必再屈服。

$$工作的投資報酬率 = \frac{無形價值（人脈技能等）+ 有形價值（薪水福利等）}{付出的體力和時間} \%$$

S 教授的社畜職場學

反過來壓榨公司，提升你的工作投資報酬率

你認為自己在工作上的投資報酬率太低嗎？
有形的價值有時候很難爭取或改變，你能做
的就是靠自己的力量盡情壓榨公司、獲取無
形的價值，如此一來就能提高工作的投資報
酬率！

第 4 章

先做好人，
才有好事可做

4-1　揮灑汗水，然後優雅轉身離去

在媒體業工作那一年，我正好剛辦完婚禮沒多久，和老公一直很積極地在看房子。雖然他是臺中人，但我們在回臺之後，就已經預設未來要在臺北買房子落地生根。畢竟我的公司在臺北，以他的工作領域來說也還是臺北的求職機會最多，於是我們便花了兩三個月瘋狂找尋一間理想中的房子。

看房的過程如同一場自我探索的旅程，我們沿著離公司最近的捷運站開始找，發現每一間房子的空間都小得不可思議，價格也昂貴得高不可攀。雖然臺北的生活機能和交通都很方便，但我和老公都受不了大都市路上擁擠的人潮和噪音。於是我在內心問自己：「這真的是我想要住一輩子的地方嗎？」我很清楚自己喜歡步調放慢、生活清幽的環境，但卻礙於「工作地點」而限制了自己對「生活地點」的選擇。後來我在《現在的工作方式還能持續多久？未來人的行動波希米亞式工作與生活》這本書中找到了答案。

「選擇居住地的標準是你想要的生活型態，而非工作型

態」光是這句話，就足以將我從限制型信念中打醒。對啊！
我為什麼一定非得要配合工作選擇住在哪裡？難道不能夠讓
工作來配合我所想要的生活嗎？到底是誰將「以工作為優先
考量」的信念植入了我們的腦海中呢？大多數人在決定「居
住地」時都是以「工作地點」做為優先考量，硬是逼迫自己
住到沒那麼喜歡的地方。試想，辛辛苦苦下班回到家之後卻
沒有放鬆、療癒的感覺，這又是何必呢？更何況，許多人一
輩子可能也只會買一次房子。

　　作者強調，比起找到適合自己的居住場所，更幸福的是
找到自己的「心靈故鄉」——一個讓你感到自在、舒服以及
充滿歸屬感的地方。正因如此，我更堅定了準備好就離開公
司自行創業的想法，同時也說服另一半選擇一起搬到大學住
了三年的臺中，那個曾讓我感到和平幽靜，卻少不了繁榮和
便利的城市。我決定在那裡創造屬於自己的理想工作型態。

　　積極努力壓榨公司的這幾個月，可說是收穫滿滿。雖然
一如往常地得同時處理不同部門丟過來的工作、行銷案和臨
時的機動性加班；但同時我也將那些對我有利的數位技能、

行銷技能學得淋漓盡致，也累積到了一定程度的作品集。無論是學習面或是成績方面，我都已經到達自認可以離開公司的標準了；但就在此時，公司正好接下臺北時裝週 SS20 的標案。社群行銷的部分在這個案子中佔了相當大的比例，也是整體宣傳最重要的一環，我們必須號召眾多 KOL 攜手拍攝社群大片，從前期預熱、開幕典禮紅毯到走秀表演都得全程參與，而主要執行這個企劃案的 PM 就只有我和另一位同事。眼看即將在這家公司待滿一年，這讓我又再度陷入要走不走的兩難局面。一方面是過沒幾個月後時裝週就要開始，我也很清楚這個案子責任重大，甚至可說是社群團隊有史以來接到最大的挑戰，根本很難拋下同事離開；另一方面則是因為如果做完這個案子，也能成為我未來經營社群行銷的代表作之一，實在很難取捨！但心急如焚的我在意識到自己已經為全職創業完全做好準備之際，真的連三個月都快要待不下去，如坐針氈。

「這件案子真的是非我不可嗎？公司是否會需要我留下來幫忙？又或者會考慮交接給其他適任的同事協助？」許多 OS 和疑問在心裡一閃而過，最後在種種壓力與猶豫之間，

我選擇將這個問題拋回去給主管，由他來決定是否需要我的協助。這些問題不應只有我自己瞎操心，畢竟能安排人事的權利是在主管的手上，也非我能控制。後來我如實　訴他自己已經在臺中買房，希望可以在兩個月內搬家；但若公司考量這個案子非由我共同執行不可，我也很樂意留下來幫忙到整個時裝週開幕典禮結束。就讓上司的 Yes or No 決定我是否要為了這個作品撐完這幾個月吧！

最後主管評估短時間內無法找到了解內部流程、執行過線下與線上行銷活動，同時又與同事們有默契的人選，所以還是希望我能協助大家。依稀記得那時同樣主要負責時裝週社群企劃的夥伴告訴我：「真的很開心妳留下來！雖然肯定又是一場硬戰，但相信我們一定可以玩得很開心，我也很需要妳的支持，如果換作是別人，他們無法理解我想要做什麼！」

她是我在公司裡的老戰友，這番話著實激勵我燃起最後的鬥志，讓原本想用最低限度付出心力的我決心在離開公司前再衝刺一波。我火力全開地和大家一起絞盡腦汁想企劃、

一起面對內部和外部的挑戰，我們一起凌晨三點出門到攝影棚拍攝到下午、一起早上七點起床幫藝人們買咖啡、一起在時裝週後臺奔波取材。到了開幕典禮那天，我們從早上開始連一口飯都沒吃，連喝一口水、去一趟廁所都是奢侈。在表演結束賓客都散場後，一行人瞬間圍在一起蹲在地上喘息，現在想起來那個畫面真的很好笑！我還是和同事們戰到最後一刻，盡情享受征服各種挑戰的過程。在公司的最後一天，我用汗水畫下了完美的句點，優雅轉身離去。

4-2　提離職後那些最重要的小事

在前面的章節曾提到，在猶豫是否要離職時，應該要與自己對話，從自己的內心出發去考量，再決定是否要離職。接下來則要提醒大家，在提出辭呈之後也不能夠忽略的一些小細節。很多人在等待離職的這段期間，會因為太興奮或是太鬆懈，就開始擺爛、什麼都不做，一副什麼都與我無關的態度；又或者是受委屈壓抑太久，而帶著報復心態過日子，但其實這段時間才更是「皮要繃緊」的時候。

因為有些個性比較傳統的主管，會拿著放大鏡檢視即將要離職的員工，更偏激一點還會故意處處刁難，甚至會把你發放邊疆冷落你。人總是對「最後留下的印象」感到特別深刻，一旦在最後一刻出包或形象崩壞，前期所累積的努力與成績全都會毀於一夕。除非你自認和公司上下都相處融洽，且確信老闆、主管或同事絕不可能這麼小心眼，否則千萬要照顧好這些小細節保護自己，確保你直到最後一秒都能在職場上留下完美印象，安全地全身而退，同時為未來求職和轉職鋪路。

1. 白紙黑字確認真正的離職日

流動率過高的公司員工總是來來去去，常常會面臨人手不足的窘境。面對這樣的情況時，許多公司主管都會採取「裝傻」戰術，一旦聽到員工要離職，就各種轉移話題、各種文不對題；然後一個小時面談下來，你還是聽不出來對方到底是要留你，還是已經默許你離職。

在準備和主管約面談提離職時，請記住你只有一個目的——那就是親耳聽見他 Say Yes ！並告訴他你預計要離開的日期。當你達到目的離開會議室後，更要發一封正式信件白紙黑字地寫清楚到自己做到幾月幾號為止，至於這封信應該要寄給誰、CC 給誰就端看公司規定。

2. 仔細確認交接事項

提出辭呈後，請務必主動向公司確認何時要開始準備交接？除了一一列出你的每日基本工作項目，還要盤點手上其他特殊的專案，分成「即將進行」以及「正在進行」兩種類別，清楚列出後和主管確認每一項工作項目要分別交接給哪位同事。

　　值得注意的是一定要「主動」確認。如果一直沒人告知你離職前該準備些什麼，可不要傻傻地等待。不少主管本身並不擅長處理人事問題，也不是每間公司的流程都這麼透明，如果遇到這種情況還被動地等人通知，拖到最後一刻什麼都沒有交接到，可是會害自己走不了的。

3. 清空私人文件，打包作品集

　　如果你的職業是行銷人、設計人或是任何需要「作品」的類別，當你知道確切的離職日期後，就能夠開始慢慢打包自己的作品集，為後續的求職做準備。打包作品集並不是要你複製、備份公司的成品並佔為己有，而是截圖、拍照並記錄那些屬於你的創作成果。例如，假設你是社群行銷人，除了後臺資訊不能隨意對外公開、有可能觸法以外，可以選幾篇你成效比較卓越的貼文，將前臺的成效截圖下來；假設你是甜點設計師，也可將你的甜點作品一一拍照，匯集在簡報檔中做為未來求職使用。

　　一定要懂得分辨什麼是能帶走的資料、什麼是不能帶走的資料，不要糊里糊塗地將公司的機密文件外洩出去，否則

有可能吃上官司；也要小心有些職業或產業類別，並不允許隨意將公司文件截圖或複製——以上這些打包作品集的行為，都要建立在公司許可的情況下。

再來就是要記得清空私人文件。有些人因為長時間使用公司電腦工作，習慣連私人事務都用公司電腦處理。我通常在離開前一個禮拜就會開始慢慢清空，徹底檢查每個資料夾或信箱是否有不小心遺留私密資訊，確保資訊安全。

4. 計算還剩下多少天特休

有些公司在安排休假上會比較有困難度，此時我會建議在你計畫要提離職時就事先安排好休假，免得距離離職日太近，損害到自己排休的權益，到時只好將這些假期換成現金。對有些人來說，換成現金並沒有比較划算，畢竟特休、年假基本上都是「有薪假」，因此最好要問清楚人資正確的計算方式，以免吃虧。

5. 清算與公司之間的財務糾葛

這可說是最多人會忽略的小細節。離職就像是分手一

樣，最好是兩不相欠。無論是勞健保、加班費還是獎金福利，一定要結算清楚。另外有些公司請款的程序較繁瑣，如果有代墊款項，也別忘了提前請款報帳，不要認為只是小錢就將就幫公司墊錢，公司該給你的就要去爭取。

6. 向主管提出未來合作的可能

若你接下來的求職方向仍屬同產業，或是要轉職成為自由接案者，未來仍有機會會需要公司的資源，可以大方向公司提出未來相互合作的可能性。我身邊幾個自由接案者朋友也都曾接過前公司的案子，而我當初在提離職時，也和主管討論過未來公司若有特殊的社群專案需要協助，可以外包給我。如此一來在公司有需求時，也會第一時間想到你這個人選。

7. 有禮貌地退出群組

在這個數位時代，幾乎 90% 的工作都會使用私訊軟體加群組來討論公事，所以就連「退群組」這件事都變成一個不容小覷的學問。建議離開前無論這些群組中是否有重複的相關人員，都還是要禮貌性向該群組的領導人特別打聲招

呼，並簡單留下一段感謝同事的話。好好道別之後再退出群組，可別一時興奮就一聲不響地瘋狂退群，這樣很容易給別人胡思亂想的空間，造成不必要的誤會或臆測。只要將該有的禮貌做好，未來在業界走跳都還能持續保持聯繫或合作。

S 教授的社畜職場學

離職前好好道別，別讓你的努力前功盡棄！

一旦考慮要離職，與其獨自苦惱、在心中上演小劇場，還不如把問題拋還給上司，誠實和他溝通你目前的狀況與困難。一旦確定離職日期，就好好把握最後的時光奮鬥到最後一刻。你將有機會獲得寶貴的經驗、和同事的革命情感等用金錢換不來的無形價值！

4-3　比起做事，更難的是把人做好

　　我們都知道在職場上最難的不是怎麼「做事」，而是怎麼「做人」。要「做事」，你只需要善用資源、按部就班地努力把工作做好，基本上都不會出太大差錯。但你有沒有發現：有些人費盡心思把事情做好，在公司做了好幾年業績和 KPI 都有達標且成績相當亮眼；但無論年資再高，就是輪不到他當管理職，加薪也永遠輪不到他？

　　這是我在媒體業工作時所注意到的驚人現象。很多資深編輯都在公司裡做了五六年以上，他們對時事有獨到觀察、文筆吸睛受粉絲歡迎，公司網站一大半的流量都要仰賴他們的文章。每次開會，永遠都看得到這些編輯們為了追新聞沒日沒夜趕文章後冒出來的黑眼圈和皺紋，手下帶的年輕編輯總是來來去去，他們仍舊穩如泰山。可怕的是，即使他們工作能力再強，一人能擋十人用，升遷、加薪這兩件事卻一直與他們無緣！

　　當然原因之一是因為這行的薪水天花板本來就很低，但

當我看到其他新進同事融入後立刻就掌握大權，跟著資深同事一起跑活動吃香喝辣時，馬上就知道了其中差異。仔細觀察以後我發現，這些較資深的編輯們會因為資歷關係，時常與其他部門同事起衝突或意見不合，並總是使用命令式來請求他人協助。有些過分一點的人甚至會在會議桌上對其他同事酸言酸語，將平日對工作的不滿發洩在他人身上。

而那些很快就獲得長官青睞的新同事們，通常都笑臉迎人也樂於助人，並且很快就能注意到在這個圈子裡的老大是誰，將他服侍得服服貼貼。只要「討好」對人，自然就能很快被分配到重要工作，不必再繼續打雜。然而他們也不是只會對上司阿諛奉承，而能自由切換不同模式，在部門之間游刃有餘地溝通。這樣八面玲瓏的人通常不需要出太大的力氣，就能在做事時獲得他人的協助或認同。

我自己本身非常抗拒當一個諂媚假面的綠茶婊，但在現實的職場鬥爭之中，這樣的技能的確能讓自己省下不少力氣。但問題就出在並不是每個人都學得了這招，所以在臺灣的職場中總是會碰壁，即使做了一大堆事情，還是很難獲得

上頭的認可。此時你可能會疑惑，難道一定要這麼「會做人」，才能生存下去混口飯吃嗎？

我認為與其做個假面人，還不如在工作上和同事真心交流。不說假話也不遮遮掩掩，時時刻刻都保持禮貌和微笑，並在提出任何意見之餘都幫別人留點臺階做面子；不隨便幫別人做事，但選擇在最重要的時刻向他人伸出援手……等等，這些舉動都能為你贏來好人緣，在職場環境中慢慢建立起屬於自己的生態圈。如此一來，你不管做任何事情都能輕而易舉獲得其他部門的協助和認可，在受到責難時也能輕鬆化險為夷。

很多剛出社會不久的小菜鳥們會因為不懂察言觀色，不斷踩到主管和同事的地雷變成眾矢之的。尤其剛到職的員工更要特別小心，一開始說話不要過度招搖，或是急於展現能力搶風頭，這些行為很容易讓周遭前輩對你產生敵意和防備心，害怕你搶了風采而不願意教你更多東西。不管你的能力再好，都不要在剛進公司時一次亮出底牌，而是先專注於把人做好，贏得大家的信任與好感之後，才有機會獲得更棒的

工作機會，懂得「先做好人，才有好事可做」的道理。

S 教授的社畜職場學

你可以不會做事，但不能不會做人

事情做得再多再好，只要不會做人都是枉然！因為會做事的員工能幫公司帶來有限的價值，會做人的員工則是能幫自己創造無限的價值。

4-4　不離職創業，就是極盡所能地運用下班時間

　　在我準備離職的這段期間，除了奮力完成當時手上的案子和各種企劃，同時間也一邊經營我現在的平臺。我當時的想法，是希望能在離職後開立個人工作室為企業和品牌提供社群顧問服務。於是我開始經營 Instagram，想利用這個平臺慢慢累積作品集，同時展現各種做圖、文案風格及 UGC 的玩法和應用等等，讓未來的業主有個方向可以做參考。

　　在公司裡總是會被限制怎麼發文、怎麼經營，讓我綁手綁腳地根本無法好好發揮；IG 則像是我下班後的小天地，我能夠一邊經營，一邊抒發自己對職場的觀點。不出幾個月，我就累積了近六千名粉絲；我也在離開前兩個月就建立好工作室的專屬網站，並一邊撰寫職場、社群文章累積 SEO。

　　你看到這裡可能也會覺得相當好奇，前面說到在媒體業上班幾乎是時時刻刻都處於待命狀態；即使下班離開公司，還是得隨時隨地透過社群發布快訊，偶爾還要在假日出席活

動跑新聞。在時間這麼緊湊的情況下，我到底是如何開始「不離職創業」，經營自己的社群並建立工作室的網站呢？

大家總是把「不離職創業」這件事情想得很困難，其實說穿了，不離職創業就是「在下班時間創業」罷了。如何有效安排下班時間，便成了我開始斜槓人生的第一個重要課題。老實說，多數人即使成功打造了自己下班後的副業，還是會希望有一天能夠把這個副業經營成正業，然後正式向老闆說再見。

所以只要過了「好好安排下班時間」這個關卡，就能夠一邊著手打造經營你的副業，一邊累積未來全職投入創業的軟硬實力。以下我將時間分割成「平日時間」、「假日時間」以及「零碎時間」，與你分享當時我是如何在繁忙的工作之餘有效運用時間，替未來創業經營社群工作室做準備。

1. 平日時間

你們下班後有多少時間呢？這段時間都在做什麼呢？是不是都在追劇、看電影、滑社群，或是單純發呆休息虛度光

陰？在還沒打算創業以前，我其實也和大家一樣。

　　通常我下班到家都已經晚上八點多，扣除掉洗澡、吃晚餐的時間，也只剩下三四個小時可以應用（我都差不多凌晨一點入睡）。在原先還沒有打算創業的時候，這幾個小時我會躺在沙發上，掛在 Facebook 或 Instagram 滑新聞，或瀏覽看朋友的動態。不過下定決心要創業後，我就每天都把這些時間拿來研究、自學如何建立網站，並開始接觸更多關於如何創業、遠端工作、一人公司、投資理財等自我成長的文章和影片。我也開始瘋狂爬文研究社群上是否有與我未來工作室相似的成功案例，一旦找到可以學習的楷模，我便會一一研究他的所有文章和創業歷程；甚至畫出他整個過程的時間軸，試著套入自己的情況，評估如果是自己的話可以怎麼做。

　　我也會到各大接案平臺上觀察其他人都是怎麼開案和報價，參考大家提供的服務套餐和內容，並挖掘更多可能的商機和獲利模式。在接案平臺觀察的過程中，我常常獲得相當多創業的靈感，我也會將它們一一記錄下來，做為之後的參

考方向。

2. 假日時間

　　一般上班族在休假時多半都傾向於在家放鬆，或是和朋友吃喝玩樂；但對於一個正在創業的人來說，假日時間是最難能可貴、最需要好好把握和運用的時間。

　　由於我的目標是希望能夠成為自由接案的遠距工作者，在全職踏入這塊未知的領域之前，我需要大量研究各種前輩的案例才能安心；但光是在網路上閱讀他們的文章、聽他們的音頻、看他們的影片，根本就還不夠滿足我的求知慾望。於是只要一有機會，我就會試著找到這些創作者或前輩的社群平臺，和他們交流想法或請教問題。

　　除此之外，我更開始積極參與各種能與跨領域新創人才交流的聚會，或是任何與自由接案、遠距工作、數位遊牧工作相關的線上課程和線下講座。在活動現場，我也不會只做個傻傻聆聽的觀眾，而是積極向前遞上名片認識講師或現場的其他觀眾。我格外珍惜每一次能與這些人交流的機會。

　　許多人在接觸新事物或準備轉職前，會因為不知道該怎麼做，或是不知道有什麼方法而開始產生不安全感，這時心裡就會產生各種自我懷疑及自我設限的情緒和想法。但與其一直在自己的世界裡不斷猜測，還不如直接和已經在那個圈子裡的人面對面交流。當你發現原來大家都是過來人，都曾經是個「普通上班族」時，就會更加有信心繼續朝向目標前進。

　　除此之外，假日時間如果剛好沒有參加這類的活動，我在家也會利用時間大量閱讀。不只是繼續精進社群行銷方面的知識，同時更接觸了許多與創業、斜槓、領導、習慣養成、時間管理相關的書籍。我當時至少一天可以看完一本書，簡直欲罷不能！一直到現在，我還是保持著良好的閱讀習慣，讓自己能快速提升思維層次，激發更多打造獲利模式的新點子！

　　累積了一定程度的想法之後，我會再一次使用獲利模式圖來統整歸納出完整的邏輯，再一步步地寫出屬於自己的創業計畫書。

3. 零碎時間

可能是從墨西哥工作時就開始養成的習慣吧，在努力朝向一個目標前進時，我幾乎不曾讓生命中留下任何的空白時間。即使我知道這樣是有點不健康的狀態，但這正是為什麼在每一次的轉職過程中，我的過渡期總是比別人還要來得更短，也成長得比別人更快。

不管是下班後的走路時間、在捷運上的通勤時間、坐下來吃飯的時間、等紅綠燈過馬路的時間……我一刻都不曾放過。雖然這些零碎時間一天加起來總共可能不到二十分鐘，但只要一抓到空擋，我就開始思考、記錄經營私人社群平臺的文章靈感，或是回覆粉絲的訊息。也正因這些時間是「湊來的」，我一個禮拜頂多也只能發一次貼文；但即使如此，我的 Instagram 帳號還是在這樣的情況下經營出不錯的成績。

回想起來，那個時期我真的對自己蠻狠心的。因為兼顧正職和籌備創業，我犧牲了許多與家人朋友的相處時間，有整整兩三個月我不知道回絕了多少的邀約。從小就不擅長拒

絕他人的我，有一段時間一度覺得做人真的好難。雖然所有的事情都在計劃之中，但這個過程也讓我焦慮著朋友是否會因為不能理解而就此遠離我。

　　的確，那時身邊的人都不清楚我到底在忙些什麼，只有我自己最知道這將會是改變我人生最重要的轉變期，而這也準備要創業的人必須要有的自覺。邁向理想職涯和成功的道路是孤獨的，當每分每秒都是如此的寶貴和稀有時，就必須取捨和分辨什麼是有用、什麼是無用的社交。當大家下班後在酒吧小酌，談論著姊妹間的八卦；或在 KTV 唱歌，喝個爛醉到天亮時，正要創業的你是否也會和我一樣，在做人與做事之間做出取捨呢？

第 5 章

當爆發式行動力
遇上創意靈魂

5-1　意外踏上經營個人品牌的旅程

　　無論是在墨西哥、西班牙還是在臺灣的工作中，我一路上不斷累積了創業所需要的各種軟硬實力；也因為在開始接案前早已做了功課，沒多久我就接到了兩三個社群顧問與社群代操的案子。開始接案人生後，我的時間如當初預期變得更加有彈性，這也讓我更能自由地投入心力在寫文章、投稿上，並同時飛快地經營著我的 Instagram。

　　一切事情都朝向當初預期的方向走去，我成為一個遠距的自由工作者，慢慢累積和打造不同的多元收入組合，但我卻沒有感到特別開心。在面對業主的過程中，我還是必須迎合各個品牌和企業的方針操作社群，讓我內心深處的創意靈魂仍然被關在牢籠之中。當我甩掉一個老闆之後，面對的卻是更多的老闆。

　　一個月後，我意外地第一次以自媒體身分收到了語音直播平臺的邀約。他們因為看見我在社群和網站上分享的職場學，希望我能以自媒體的身份在該平臺擔任駐站 DJ，將這

些文字用聲音直播的方式傳遞給更多人知道。當時的我其實非常猶豫到底要不要接下這個案子，因為我從來都不覺得自己的聲音好聽，也不知道要怎麼做直播，更何況他們還要求每天必須要開播至少一小時。當我猶豫不決時，經紀人對我說：「其實妳的網站文章就已經是現成的直播稿了呀！而且也不用每天都一定要分享有意義的內容，有時也可以隨意閒聊就好。」於是我鼓起勇氣接受挑戰，而我也沒有想過這個挑戰成了我人生的另一個轉捩點，甚至是經營個人品牌的開端。

第一次按下「開始直播」的按鈕前，我真的心跳加速到不行！我等等結巴怎麼辦？都沒人進來聽怎麼辦？粉絲都沒反應的話怎麼辦？如果大家提問我回答不出來，又該怎麼辦？心中的恐懼讓我產生了各種腦補。但沒有想到在開播的第一個禮拜，我馬上就累積了很好的成績，幾乎每天都能達到即時在線人數的前三名，沒多久便成為眾多 DJ 之間討論的對象。

做直播的這兩個月以來，每一天我都要求自己花費三個

小時準備當天的內容，堅持高含金量的產出。因為我希望能把握這短短一個小時帶給聽眾們滿滿的收穫，而不只是消磨時間、虛度光陰。在這裡我也馬上累積了一群每天晚上十點準時等待我上線的死忠甜甜圈（我的粉絲暱稱），和大家分享所有我在書中和人生中所獲得的人生哲學和創新思維。直播間裡的大家也形成了獨特的生態圈，在這裡交流彼此的經驗和想法，互相腦力激盪、一起學習成長。雖然我在這裡養成了一批鐵粉，但也發現這個直播平臺能帶進來的人流有限。其他的駐站 DJ 可能把這裡當作下班後的業餘小天地經營，但我卻是以社群行銷與創業的角度在經營每一個平臺。我開始評估自己每天花費這麼多時間在這個平臺上，這樣的投資真的划算嗎？

同時，這群鐵粉的凝聚力也成了我轉變創業方向的驅動力，他們讓我意識到：我其實更適合做自媒體，以個人品牌做為一人公司的基礎。在經營 Instagram 的過程中，我也認識了許多和我一樣剛開始創業或剛開始經營 IG 的創作者。我很喜歡和他們交流彼此的想法，在和創作者們談話的過程中，總是能學到不同領域的專業知識；但我也觀察到：這些

新興創作者們雖然擁有很強的創作力，大家都很會做圖、很會寫文案，卻因為缺乏「社群行銷能力」，而讓自己的好內容被埋沒，無法在社群上有效擴散出去。

這個現象讓我想起過去在媒體業工作時，每天都在社群資訊海裡游泳，被一堆垃圾資訊、垃圾新聞、垃圾廣告給汙染眼睛和大腦，甚至還會有很多標題黨騙點擊的貼文。當時站在製造訊息的媒體端，每個人都在搶奪閱聽眾的注意力，即使我對於這些洗版的無用資訊洗版感到厭惡，但面對龐大的流量壓力也只能屈服。

而面對創作者們所產出的這些優質內容，令我開始萌生了成為「專屬內容創作者的社群顧問」這樣的想法。於是我決定離開直播平臺，利用自己社群行銷的專長來讓大家的內容被更多人看見。如此一來也許就能改變資訊傳播的生態，讓閱聽眾們在社群上衝浪的同時，也能吸取對自己有幫助的知識、同步學習。而這樣的信念，也成了我工作室最終的願景。

5-2　興趣，真的能夠當飯吃嗎？

剛開始全職經營自媒體時，身邊很多朋友都對這樣的工作模式抱持著懷疑態度，質疑我只不過是經營社群、寫寫文章罷了，這真的能夠當飯吃嗎？甚至還有人會問我：「不進公司要怎麼賺錢？」我發現臺灣大多數人並不知道遠距工作者的存在，畢竟這類的人在臺灣還算是少數，並不像歐美國家那麼盛行。

一直到了 2020 年新型冠狀病毒來襲，擊潰了全球大大小小的企業，讓十分仰賴進出口貿易的臺灣企業也跟著受到波及，不管是什麼產業都頻頻傳出裁員、停工的噩耗，許多公司開始實行遠距工作模式後，才透過媒體大量的報導讓這樣的工作型態廣為人知。也正因為有如此多企業在病毒的魔爪下簡直不堪一擊，人們才意識到單槓已不再是最佳保障，紛紛開始轉向思考如何加入斜槓青年的行列，讓自己多一份收入來源分散風險。

我很慶幸自己在疫情爆發前，就已習得一身數位技能逃

離公司自立門戶。由於只要有電腦、手機和網路就能開始工作，當別人還在大眾交通工具上與擁擠的人潮摩擦、防範著每個與自己擦身而過的人時，我已經因為不需要出門也能照樣上班賺錢，大大降低了遭受感染的風險。但前面說到要成為遠距工作者，就必須累積一定的數位技能，例如：程式設計、APP 開發、美編製圖或網頁設計等，但這些技能並非一時半刻就能熟悉，更遑論還要用來自立門戶。除了需要花費更多時間學習之外，這類型的技能也未必是每個人都有興趣的領域。

但在這個時代，要開始遠距斜槓工作並非只有這些方法，經營「個人品牌」其實就是斜槓最入門的起手式。只要會經營任何社群或網路平臺，不管是 Instagram、Facebook、YouTube、Podcast 還是部落格，擁有基本的製圖、剪輯和文案能力，能透過這些平臺發表對某個領域的獨特觀點，你就隨時能夠開始！這也就是為什麼在疫情爆發後，大家會從原本高呼的斜槓口號轉向鼓勵用個人品牌開起一人事業。至於要如何開始？詳細的步驟我會在後面告訴你。

　　個人品牌是一種「經營方式」，而非一種「技能」，因此不必受限於特定的領域。你可以透過這樣的方式，以任何一種興趣慢慢打造出專屬自己的獲利模式。假設你很喜歡彈吉他唱歌，就能分享關於吉他的知識，也能分享你唱歌的影片和音檔。只要以個人品牌的方式逐步經營，在未來就有機會延伸出吉他教學課程，或是成為網路歌手，獲得受邀演唱的機會。和單純用數位技能接案相比，不但來得更有自主權、更有彈性，也更加有趣！

　　回過頭來，我要回答這個總是被問到爛掉的陳年老問題：「興趣，真的能夠當飯吃嗎？」

　　我從以前就超級喜歡說話、聊天，很擅長也很喜歡用言語表達。不管是在職場上或在私底下，我都算是非常能言善道、處事圓融，且善於和人打交道的人。2019 年 11 月我決心全力衝刺個人品牌；隔年一月，我開始在 FB 一邊直播、一邊做 Podcast；一個月後，我舉辦了自己的第一場演講；兩個月後，我就成為了專屬於內容創作者的社群顧問，透過線上諮詢來幫助創作者們解決問題；在三個月後，我便打造

你值得更好的夢想

從精準轉職到不離職創業，做自己夢想的創作者

作　　　者　思菈（S編）
執 行 編 輯　顏妤安
行 銷 企 劃　劉妍伶
視 覺 設 計　日常白噪音
版 面 構 成　呂明蓁
發 行 人　王榮文
出 版 發 行　遠流出版事業股份有限公司
地　　　址　臺北市南昌路 2 段 81 號 6 樓
客 服 電 話　02-2392-6899
傳　　　真　02-2392-6658
郵　　　撥　0189456-1
著作權顧問　蕭雄淋律師

2021 年 2 月 1 日 初版一刷
定價　新臺幣 280 元
有著作權・侵害必究 Printed in Taiwan
ISBN　978-957-32-8949-4
遠流博識網　http://www.ylib.com
E-mail　ylib@ylib.com
（如有缺頁或破損，請寄回更換）

圖書館出版品預行編目 (CIP) 資料

你值得更好的夢想：從精準轉職到不離職創業，做自己夢想的創作者 / 思菈（S編）著 . -- 初版 . -- 臺北市：遠流出版事業股份有限公司, 2021.02
面；　公分

ISBN　978-957-32-8949-4(平裝)

1. 自我實現　2. 職場成功法

177.2　　　　　　　　　　　　　　　　　　　　　109021996

了自己的線上課程。寫這本書的同時，也正好是我全職創業剛滿一年的里程碑。現在我不只是社群顧問，更是一名音頻主持人，也是職涯、個人品牌的講師，這些身份都有一個共同點，那就是靠我喜歡的「說話、聊天、交流」吃飯。

雖然聽起來很美好，你可能會想著：「那我現在就要遞出辭呈，開始經營個人品牌！」——但請先不要衝動，以現實層面而言並不是每個人都能夠完全靠此維生，經營個人品牌也只不過是創造理想職涯的一個開端。它是一個非常簡單就能開始嘗試斜槓的方式，但最後能否夠打造出穩定的獲利模式、成為一人公司，還是全憑你的經驗和實力。我可以在短短時間內接了這麼多的案子，打造出這些服務和課程，也都是基於先前在職場上的磨練和積累。創業並不是兒戲，建議你先一邊上班一邊嘗試做個人品牌，開啟斜槓的機會；等到開始有邀約、收入都穩定，且也儲備了至少一年起跳的基本生活開銷後，再評估自己是否已經準備好離職來全職經營自媒體。

那麼，如果你既不想創業也不想紅的話，是不是就沒有

經營個人品牌的必要了呢？一路走來到現在，我會說個人品牌給我帶來的無形價值，其實遠遠超過了金錢。雖然並不是每個人都想創業，也並不是每個人跳入這個坑就能賺錢，但做自媒體最豐收的時刻正是從無到有的整個過程。不管你是上班族或是學生，個人品牌將帶給你除了盈利以外的這些收穫：

1. 建立無形且更有價值的名片

也許你現在正任職於一間很不錯的公司，名片拿出來也很響亮；但你有沒有思考過，那些與你有商業合作往來的廠商或客戶，通常都只是因為我們是某家公司裡的誰，才願意和我們打交道。這些人脈或資源，在我們卸下公司頭銜之後還會剩下些什麼？又有多少能夠留存呢？

我過去在時尚媒體業工作時，經常能無償邀約到許多知名的藝人、KOL；但這些人只不過是因為公司賦予我的頭銜才願意和我合作，一旦不在這裡任職，能持續保持聯繫的關係真的相當有限。

　　而透過個人品牌所累積的人脈，則是真真實實因為
「你」才和你交流、合作，我們自己就是最有價值的名片！

2. 累積作品集，有利未來求職

　　如果你求職的領域會要求提供作品集，例如社群行銷、
美編插畫等等，那麼個人品牌將能成為在面試時令你脫穎
而出的祕密武器！若是為了作品集而經營，我會推薦使用
Instagram 這個平臺，因為 IG 介面可以一目瞭然地一次看到
你的自介、圖像製作能力、文案力及企劃能力等等，比起其
他平臺，更能夠幫助面試官在短時間內快速認識你的能力。

3. 累積粉絲，替未來斜槓鋪路

　　大家都知道只要累積粉絲就能夠帶來無限的合作機會，
但對於「衝粉絲」還是抱持著盲目的迷思，認為粉絲越多、
聲量越大才有資格被廠商認養。然而，現在並不是一個「粉
絲越多就越賺錢」的時代。從 2020 年開始，許多廠商都紛
紛轉向與三萬追蹤以下的微網紅合作，原因在於這些 Micro
influencer 擁有比那些粉絲十萬起跳的大型意見領袖更高的
互動率，甚至 TA 還更加的精準。對於廠商而言，只要投資

一點點就能打中真正有需求的受眾，才是有 CP 值的投資。

因此，千萬不要認為經營個人品牌必須要累積好幾萬粉絲才有可能斜槓。其實 IG 帳號只要擁有 3,000 人以上的粉絲，就能有機會陸續收到一些合作邀約；即使有些只是以商品互惠交換，但也都是很不錯的開始。在我的學生之中，就有不少人本身已經有正職，同時又斜槓做個人品牌，靠接業配為自己賺取額外收入。

何況你永遠都不知道現在這份工作會做到何時，萬一哪一天真的離職時，在待業期間也不會因此而斷了收入來源。

4. 梳理思緒，不斷自我探索成長

無論是寫文章或是貼文，其實都是一個深度「自我探索」的過程。將這些知識和觀點和個人經驗有條理且有系統性地歸納、整理成一篇篇對大眾有用的資訊時，你能夠更加地認識自己，甚至也能當作是記錄自己成長的過程。

在未來迷惘的時候，你還能再次回顧當時所留下的足跡

和思維，回想起自己不同時期的故事。我自己偶爾也會回去聽第一次的直播音檔、剛離職時寫的文章，甚至在我的音頻節目《讓思想去旅行》中開發了另一個支線單元叫做《悄悄話日記》，藉由聲音的方式來記錄自己的創業成長歷程，是一件非常有趣的事！

5. 持續拓展人脈，培養潛在機會

當初會開始做直播、經營 Podcast 採訪來賓的動機，一方面是希望可以讓粉絲和自己能夠從各個斜槓創業家身上學到不一樣的思維、心態和知識；另一方面則是因為我也想透過這樣的方式，邀請到原本就很欣賞的創作者和創業家，除了能更進一步認識來賓，也能拓展自己的人脈圈。在開始經營自媒體以前，我根本沒有想過我能採訪這些原本在社群上遙不可及的 YouTuber、行銷大神和作家們；而在採訪完之後，我幾乎與他們每一位都有持續保持聯絡、成為朋友，或是延伸出更多的合作機會。

而且，這些潛在的人脈和機會不只隱藏在同樣都是創作者的圈子之中，連粉絲也是臥虎藏龍，我就有很多商業合

作、採訪、出版社的邀約都是粉絲們提供給我的機會呢！

5-3　只要四個步驟，就能開始經營自媒體

　　前面說到，其實還是有很多人搞不清楚什麼是「個人品牌」，難道擁有大批粉絲就可以叫做個人品牌嗎？那些擁有好幾十萬追蹤的語錄、筆記、轉貼帳號也能叫做個人品牌嗎？那這樣，豈不是每個人都只要公開經營 FB 或 IG 帳號就能自稱斜槓青年了嗎？

　　話說起來好像很簡單，但如果只是創造一個帳號，發發生活照無意識地經營，並沒有打造出個人的獨特形象、傳遞獨到的個人觀點或有價值的想法，社群就只是你與朋友聯繫的工具。這並不符合「個人品牌」的要求，因為以下這三個要素，對於個人品牌來說都是缺一不可。

　　綜合過去行銷經驗，我歸納出「個人品牌」是以三個主要元素所組成，那就是「品牌形象」「曝光管道」和「有價想法」。這裡的形象指的除了整體的視覺風格營造，更包含了品牌的人物設定。只要你能以富含個人風格特色的方式呈現照片、圖像、影像或文字，並透過適合的曝光管道持續創

造、傳遞獨到的個人觀點、有價值的想法或是作品，都可以稱之為「個人品牌」。舉例來說，像我透過 IG 和 Podcast，用以聲音、文字和圖像以自己的方式分享上班族的職場生存法則；或是像阿滴透過 YouTube 頻道，以趣味的影像教學英文等，都在此列。

我也常遇到粉絲詢問我：「可是如果我不像你們人生經驗這麼豐富，也不是什麼都很專精，真的可以分享嗎？」

答案是：「當然可以！」所有你在檯面上看到的這些被譽為大神、專家的創作者，都是因為先不斷地在社群上提供價值、分享他的想法，才被網友們冠上這些稱號。並沒有誰是絕對的專家，他們也都不是哪個領域絕對的第一名，我們當然也不需要先成為第一名才能表達自己的想法。

要知道，所有人都是獨一無二的個體，每個人的人生經驗也都大不相同。不要覺得自己和別人比起來特別普通，你只不過是和自己的「特色」相處得太久，所以沒有覺察到它們的存在。你不需要是班上第一名、不需要喝過洋墨水，也

不需要擁有大起大落的人生，無論是友誼、愛情、課業或是任何觀點，每個人一定都有自己的一套邏輯和想法。你腦袋中那些有價值的聲音需要被更多人聽見，也不要吝嗇和他人分享，因為在世界的某個角落，一定有一大群人也認同你的想法、需要你的想法——那些你認為不起眼的觀點，很有可能就是扭轉他人人生的至要關鍵。

「社群之所以壯大，不只是因為人們聚在一起互動；更是因為不斷的分享，才能讓有價值的想法流動！」

如果你已經跨越那些心理障礙，就一起來跟著這四個步驟跨出第一步，加入創作者的行列，為自己開創不一樣的職涯吧！

1. 思考你要創造或提供什麼樣的價值

剛剛前面說到的三個元素中，最重要的其實就是「有價想法」。除了從自身經驗、興趣和專業去發現自己可提供的價值之外，也可以透過發現大眾的痛點和需求，去思考你的個人品牌要提供什麼樣的價值。例如：有些營養師出來做個

人品牌，分享正確的飲食觀念，就是因為發現現代人常因工作忙碌或便利的外送服務而天天外食。他們希望可以透過分享簡單的營養學，讓忙碌的人們即使吃外食，也能因為具備基本常識而吃得更健康。

找到要提供的價值之後，很多同學會遇到的問題就是：「可是我想分享的話題已經有很多人做，該怎麼辦？」所以接下來還必須考量很重要的一點，那就是前面說到的找到你的「特殊賣點／利基市場」。

2. 個人品牌形象定位

前面說到，個人品牌的形象除了文字圖像或影像，更重要的就是你的人物設定。同樣是在經營社群，這點和經營商業品牌或平臺特別不一樣，例如：全聯或是蝦皮都會特地「捏造」一個虛擬的人格來塑造小編形象，但個人品牌則是會需要你盡情地「做自己」。

我們每個人在生活中都有很多不同的面向，在家裡是個讓人依賴的姊姊、在職場上是個講求效率的能者、在朋友間

是什麼大膽玩笑話都能說的人來瘋，大家在不同的生活情境中都擁有不一樣的人設。此時你只要去思考，你想在這個帳號中展露自己的哪個面向？列出五到十個你對自己個性的形容詞或關鍵字，然後將這些鮮明的特色透過文案、圖像或影片聲音等不同形式表現出來。

　　我也建議大家可以盡量做最真實的你，不要刻意塑造與你相差太大的人格，因為「個人品牌」這張名片可是會跟著你一輩子的。演多了壓抑久了可是會累、會瘋掉的，這也是為什麼那麼多迪士尼明星最後都「崩壞」的原因之一。

3. 選擇適合你的平臺

　　當你決定好要傳遞的價值，其實就能抓出 TA（受眾）的輪廓，也就能推斷出需要在哪些平臺曝光成效最好。假設我的受眾是介於 22 歲到 28 歲的新鮮人和上班族，那麼 IG 就會是我最主要的戰場；假設你的帳號是分享媽媽育兒經，那可能要將受眾年齡層較高的 Facebook 做為最主要的平臺；而如果你的內容是提供給更年輕的國高中生族群，可能就連 Tik Tok 都要考量進來了。

　　當然，內容受眾只不過是我們在選擇平臺上的考量之一，更重要的其實是回歸到你自己在什麼樣的平臺，或是用什麼樣的模式會比較舒適和自在。不是每個人都習慣面對鏡頭說話，也不是每個人都喜歡圖文創作，唯有在自己做起來舒適自在的平臺，你才能盡情且沒有壓力地創作出好內容。

　　像我自己雖然喜歡說話聊天，但因為很不擅長按照腳本面對鏡頭講話，因此並不會將 YouTube 列入我的考量，而是選擇使用直播和 Podcast 的方式來創作。

　　不過以社群行銷觀點來看，善用多平臺整合與串連才能加速個人品牌的成長。例如 FB 上雖然很難接觸到我的 TA，但我還是會定期更新，原因在於 FB 上還是有潛在的受眾，且能直接貼連結導流至官網。雖然剪影片很麻煩，但我也還是開了 YT 頻道，上傳我每一集的 Podcast 節目，原因則是因為 YouTube 標題內容有助於 SEO 搜尋，能讓我的個人品牌有更多曝光的機會。

4. 試著想像未來的獲利模式

你可以參考其他資深創作者的案例，試著想像這個個人品牌在未來可以發展出什麼樣的獲利模式。如此一來，你也能更加專一地朝這個方向前進。不過千萬不要以「獲利」為唯一目標去經營，還請輕輕地想像就好。

一旦你滿腦子都是「賺錢」的時候，就會迷失方向甚至失去自我，很容易將所有的資訊都變成金錢導向。這時即使隔著網路，粉絲也能感覺到你是帶著目的和他們互動，這對於初期經營自媒體者具有極大的殺傷力。總而言之，對於獲利模式的想像可以是激勵你持續不斷產出的目標和動力，但要小心不要被金錢利益沖昏了頭，先創造出好的內容和價值，自然就能發現商機與好的合作機會。

S教授的職涯相談室⑤

Q：想經營個人品牌，但很多內容都已經有人做了，該怎麼辦？

A：將利己優勢轉換為符合受眾需求和痛點的內容，就能讓你獨一無二！

延伸前面第一章講到的利基市場圖，同樣也可以應用在個人品牌上。利己優勢就是你獨特的興趣經驗或專長，利他優勢則是這個領域中多數人普遍分享的內容。不妨去思考一下：你有沒有哪一些利己優勢剛好能切合大眾的痛點和需求呢？

例如：很多職涯類型的個人品牌，都是以特定職業領域或人資的角度來分享一些履歷、面試的技巧，這些內容就是所謂的「利他優勢」。我則是以過去特殊的海外工作經歷、豐富的轉職歷程，外加上在職場上比別人見識過更多的風風雨雨為出發點，並利用自己善於應對進退與觀察的能力來分

享職場生存學。這些「利己優勢」是不管哪個年齡層的上班族都受用，卻鮮少有人分享的，而這樣的內容就成了我的利基市場。

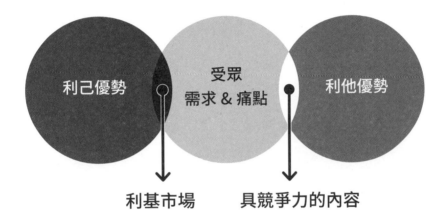

5-4　個人品牌長期獲利的關鍵

　　許多創作者們的共同煩惱不外乎就是：「這樣一直傻傻地經營下去，到底要如何找到屬於自己的獲利模式？」沒錯，在你累積了優質的內容、屬於自己的鐵粉社群之後，一定會有各種廠商找上門來。於是很多人在經營帳號初期就會陷入所謂的業配迷思，期待接下來能仰賴商業合作帶來穩定收入。老實說，如果經營個人品牌只是業餘嗜好，想要在下班時間來點斜槓收入，那我想業配是滿適合你的獲利模式，偶爾幫人家拍拍影片、拍個照賺點外快也不錯；但如果要成為一個長期穩定獲利的來源，則還是有難度。

　　你可能會想反駁：「可是靠業配賺大錢的網紅還是很多啊！」沒錯，那些為人熟知的業配王 Howhow 或是美妝穿搭 KOL 們都靠商業合作賺進大把鈔票，但你是否想過，看上他們的幾乎都是一線品牌，也就是一群真正付得起大錢的廠商。要踏入這塊市場，你必須是品牌認定擁有「絕對影響力」的角色。所謂的絕對影響力跟粉絲多寡無關，而是取決於你的「網路討論度」。成為創作者很容易，但要成為一個

具有影響力的高端意見領袖，卻不是人人都能做到；對於一般品牌而言，還是會傾向於互惠和分潤的模式來和微網紅合作。

然而在經濟不景氣、各大企業都受到打擊的情況下，這些靠業配維生的網紅業績多少也會受到衝擊和影響。畢竟這樣的獲利模式仍然與自由接案者相似，常常還是得看不同的業主臉色吃飯。他們賺我們就跟著賺沒錯，但等到哪天有更紅的意見領袖出現，自己若不夠努力、跟不上別人，還是有可能會失寵。

那麼如果不靠業配，要怎麼長期獲利呢？首先要告訴大家一個「販賣時間」的概念。在《通往財富自由之路》這本書中，作者寫到：「最低階的商業模式就是將一份時間出售一次。」業配通常就是製作一次內容帶來單次收入，並無法重複多次販售，基本上還是屬於這個階段的獲利模式。

如果你想以個人品牌創業甚至成立一人公司，你必須要先植入「老闆思維」，嘗試將一份時間出售多次，例如像是

開辦線上課程、製作電子書、寫書、創作授權……等等。這些獲利模式都是只花一份時間產出內容，就可以達到多次銷售的收益；甚至順利的話，也能成為穩定的被動收入之一。又或者你可以開辦講座，只要想一次主題、做一次內容，就能多次開始線上或線下講座；如果你還會程式語言或設計，也能開發 APP、設計網站模板等開放用戶付費下載。像這樣打造屬於自己的產品或服務，會是比較理想的商業藍圖。

　　在書中還有提到更高階的獲利模式，那就是「購買他人的時間然後再販賣出去」，諸如雇用員工，教他們更多的技能來為你的客戶提供更多元的服務；或是邀請講師到你的網站上開課、辦直播講座等等，有太多太多經營的方式。如此一來，你便能將自己的時間留下，讓別人為你創造更多的收益！不過以上這些都只是目前市場上常見的案例，你們可以依照自己的品牌特性去深度思考，想想要如何跳脫將一份時間出售一次的思維。當然，只會產出內容或是打造產品是不夠的，身為個人品牌你的行銷能力還是相當重要，這也會是決定受眾是否買單的關鍵之一。

　　社群平臺功能日新月異，常常也會看到各路創作者抱怨
FB、IG、YT 的演算法改來改去，一群人一窩蜂地都想在
這些平臺的縫隙中求生存。於是「社群行銷」也成了一個熱
門的話題和技能，只要有人開辦關於社群經營、個人品牌的
講座或課程，不管講師是否是值得信賴的名人，都會吸引大
批人前來報名。

　　只要有人一找到方法可以增加觸及增加讚數，就能被瘋
狂轉發成為熱門貼文，好像非得仰賴這些平臺才能為個人品
牌增粉轉單。很多人一股腦的被觸及人數、讚數給追著跑，
卻鮮少人明白這些粉絲未必是向你買單的顧客。鐵粉是一群
支持你、幫你一起共同傳遞理念的分享者，但實際上他們本
身未必每個人都需要你的服務；如果一直不斷對他們單向推
銷，很容易造成反感。

　　所以還有另一個要提醒創作者們的點就是，除了不要太
仰賴「業配」以外，也不要過度的仰賴「社群平臺」。一旦
你擁有了自己的產品，經營個人網站才是帶來轉單的主要策
略。要真正成為一人公司，你還是必須懂得如何設計行銷漏

斗、蒐集對的名單,或是做好 SEO 導入更多的自然流量。畢竟這些「主動搜尋」找到你的人,都是因為有需求才會進到你的網站,不管是以電子報或是任何形式,你都要經營好這些從 SEO 導入的受眾,他們才是真正願意花錢的潛在顧客!

由於社群生態的變動非常快,細數過去無名小站、PChome 新聞報臺、天空部落這些紅極一時的平臺都已經成為歷史,由此可見沒有長生不老的平臺。現在 Facebook 開始高齡化、Snapchat 也曾一度面臨經營危機,我們很難保證哪一天辛苦經營的 Instagram 和 YouTube 不會消失!

最後奉勸真正想要靠個人品牌創業長期穩定獲利的創作者,還是要買一個屬於你的網域做個人網站,才不會哪天帳號突然被盜,萬一粉絲黏著度不夠強,一切就都得從頭來過了。

5-5　一人公司必須持續學習的課題

　　雖然擔任專屬自媒體的社群顧問不過短短一年，但不管是 IGer、Podcaster、YouTuber 或是 KOL、微商，各式各樣的學生我都帶過。大多數的學生在找到我之前，都正在面臨創作的低潮期，不僅要和自我懷疑的匱乏意識搏鬥，更因為缺乏系統性的產出和接案，導致自己時間管理失序，被各式各樣接踵而來的工作填滿。這讓他們即使花了一百分的力氣產出，也只能回收少少的收入，始終無法讓自己的一人事業步上軌道，甚至瀕臨放棄狀態。

　　創作與創業本身就是一條不好走的路，個人品牌雖然是一個門檻較低的創業形式，但過程中你會遇到的心理壓力絕對不比傳統創業要來得輕鬆。於是身為顧問的我除了協助大家一步步整合各個平臺、找到自己的利基，以及打造屬於自己獨特的商業模式之外，也常需要擔任大家的心靈導師，陪伴許多創作者度過瓶頸。我本身也是從個人品牌出發開始創業，雖然工作室規模還非常迷你，在寫這本書的時候只有我和另一位夥伴，但一路上也不乏各種挑戰。透過在學生身上

看見的經營問題，我認為即使你已經坐擁好數萬粉絲，也開始有了自己的商業模式，還是必須持續學習這些課題：

1. 學會共享、互利的美好

　　成為創作者之後，你就是這整個社群生態裡重要的一份子；而形成「社群」最重要的，當然就是人與人之間的互動。在我剛開始經營 IG 的時候，一個人單打獨鬥真的很孤單，甚至會讓人缺乏靈感。那時的我有好多好多創意的社群串連玩法，但因為個人品牌不像在公司上班一樣有各部門的同事可以支援，所以這些想法都無法被實現。後來我慢慢認識了跟我一樣剛起步的創作者們，發現原來大家都和我一樣自己摸索、自己經營，沒有人可以討論，沒有人可以一起分享，當然也沒有人可以一起激發靈感玩社群。

　　我也發現，許多的大型創作者通常也都是一路往前衝，合作的對象只會越來越大咖，很少人會願意幫助這些同樣走在個人品牌路上的新興創作者們。還記得那時候才剛離職一個月左右，我的腦中突然浮現了一個瘋狂的想法，思考著如果我們大家可以凝聚在一起互相合作、激發靈感，陪伴彼此

成長，那不是很好嗎？後來我便成立了「創作者爆米花計畫PPCC」這個能夠讓中小型創作者凝聚在一起互相學習的社團。除了彼此交流，大家也能在這個社團裡找到可以跨界合作的對象，每年更會舉辦兩次線下活動，將社群拉到線下來進行真實互動，讓每個人都能認識更多圈內好友。成立這個社團後，果然有很多創作者在這裡找到採訪對象、獲得被採訪的機會，或是嘗試了第一次錄 Podcast、第一次開直播、第一次拍攝 YouTube 影片……等等。我們都像是一顆一顆小小的米花，在這個社團裡互相迸出了各種滋味的爆米花。

不過，即使已經是非常大型的內容創作者，我也建議你絕對不要過度地「與世隔絕」，或是認為自己的粉絲已經夠多，不需要跟其他人合作交流。一個人的力量絕對是有限的，即使你只是想把個人品牌當作是場遊戲好好地玩，也要有更多玩家陪你一起闖關，才能使出更多的絕技。在創作圈的這些好友們，也能在你創作低潮時理解你，並給予實質的支持和幫助。

2. 學會精準地說「不」

　　開始創業成為老闆之後，會發現生活與工作已經很難分割開來。除了自己每天的既定行程之外，也需要面對來自四面八方、大大小小的邀約。在行事曆被塞得滿滿的情況下，除了時間管理之外，更重要的是學習精準地說「不！」在這裡我想談論的並不是拒絕別人的藝術，而如何準確地判斷每件事情被執行的必要性。當你開始擁有了自己的事業，每分每秒都會顯得格外珍貴，你會希望每一分鐘都被有意義地分配。

　　以前剛開始做自媒體的時候，只要有合作邀約進來，我都希望能接好接滿；而當現在事業已經步上軌道，漸漸有越來越多工作要忙時，則是要學會預計做一件事要花多少時間、帶來的效益是否合乎時間成本。這時除了自己要執行的企劃之外，面對各種邀約時就不得不開始做出取捨。有時候也不一定是真的完全拒絕，而是判斷哪些合作有助於品牌未來的走向，將其排出執行的優先順序。

　　除此之外，我就連私人邀約都得精心篩選、小心翼翼地平均分配時間給不同朋友，在不拖累工作進度的前提之下拿

捏好放鬆行程的比例，就連回訊息、講電話的時間都要特別注意。過去只要好姐妹打電話來，就會講個沒完沒了，少說都聊三個小時起跳，通常也都只是閒聊八卦、報告近況；現在就連要接一通電話，都得和朋友另外約時間。這點在一開始時很難習慣，但的確在學會精準地說「不」之後，我才能將更多的時間和力氣分配在對的事情上。

自從自己開始當了老闆，我才明白「分配時間」做有意義的社交是多麼的重要。現在回想起來，也格外佩服我以前在墨西哥的老闆和老闆娘。他們每天除了要忙自己的事業之外，還要面對來自世界各國的邀約應酬，每一次回臺灣都是很短暫的快閃行程，幾乎都沒睡好。他們竟然還願意將時間分配給已經離職的員工，花上兩三個小時和我吃一頓飯，真的讓我很感激！

3. 學會將工作從手中分發出去

每個人的時間都一樣只有 24 小時，隨著事業成長時間也只會越來越不夠用，我們不可能永遠都一直停留在「執行者」的身分，這樣會很難脫身去實踐那些腦中更遠大的事業

藍圖。

在剛開始成立工作室、還不是那麼忙的時候，我就已經不時思考如果未來真的忙不過來，有什麼事情是可以放手給別人做的？但這個問題對那個時候的我來說真的太困難了。我根本完全無法想像，如果這些事情無法由我親手執行和控制，事情是否能朝我預期的方向發展。但當我開始籌備生涯定位設計課時，要自己寫課綱、拍片、剪輯、架網站，同時還得兼顧各個平臺的創作以及每週固定的專訪直播，簡直令人焦頭爛額！我也意識到，如果再不把事情分發出去，根本沒有辦法專心將生涯定位設計課做好。

當時我已經規劃好下半年工作室的走向，也我知道再不請人，這一切都只會越拖越晚。身為一個極度追求目標的效率狂，根本沒有辦法接受自己的計畫有所延遲；但礙於不曉得課程到底能帶來多少收益，也讓才剛全職創業沒多久的我陷入兩難。就在此時，我無意間看到阿滴在臺客劇場採訪的影片中說到：「創作者最重要的其實是創造時間，而不是創造內容。」並分享了他的團隊是如何幫助他創造更多的時

間，讓他更游刃有餘地去做那些老闆該做的事。這句話就像是當頭棒喝，也給了我一劑強心針，於是工作室的第一個成員就這樣加入了，這才讓我的課程以及後期的所有計畫都能如期穩定上線。

4. 學會聆聽內心的聲音，排解負面聲音

　　無論是經營個人品牌還是創業，一路上絕對不乏一些來歷不明的人給你的「好心提點」，告訴你怎樣對怎樣不對，或是明明不懂你在做什麼，劈頭就是一番質疑和否定。此時一定要堅定自己的信念，不要被打倒，要懂得如何分辨過濾且不讓那些無益的雜音干擾自己。因為只有你自己最知道要往哪裡去，也只有你最知道自己在做的事情背後的意義。

　　這個世界是所有人類一起共同創造出來，沒有任何人有資格去要求別人成為他心目中的樣子，或者按照他所想的規則走。只要你確信自己這麼做沒有害到別人，也不會構成什麼天理不容的傷害，就好好地做自己該做的事吧！別輕易的被他人一句話或一個目光給打倒，我們都不需要勉強自己去成為「別人覺得不錯的樣子」，或是刻意去符合社會期待。

　　總有一天當你經營得有聲有色時，一定也會遇到酸民給予「指導」，要你別做這個、別做那個。但你要明白，這些人通常都不是真正認識你的人，一個真正愛你、懂你的人，不會要求你成為他所想要的形狀，更不會要求你「別做自己」。所以不需要為他們而煩惱難過，多花些時間和心思在那些真正喜歡你的粉絲身上，**我們要吸引的是那些喜歡你真實樣貌的人，而不是對你情緒勒索的人。**

後記：做自己人生的創作者

　　「開始當老闆之後，應該很爽很輕鬆吧！」身邊有些不熟的朋友總是對「當老闆」這件事有點誤解，認為我輕輕鬆鬆就能不費力氣地賺大錢；或是有一些完全不認識我的人，會評論我憑什麼這麼快就在社群上有這些成績。但他們從來沒想過，眼前這個突然蹦出來的人，在過去經歷了多少磨練和波折、在職場上有多努力爭取每一個機會，花了多少時間，才堆積起來這些人生經驗。

　　大家眼裡看到的可能是一個帳號、一個網站、一堂課程，但這些東西都是經年累月的學習。一人隻身在海外每週只休一天，每天工作 12 小時不眠不休，領導近 30 人的團隊上山下海；在西班牙白天上班、晚上念碩士、假日寫論文；回臺灣跑了幾百場活動，與同事一起腦力激盪、一起和時間賽跑，談合作、採訪、寫腳本、整合、企劃、溝通、分析，正是過去這些在職場上極力奮鬥得來的實戰經驗，造就我在離職後如此快速的成長，沒有人的成就是一蹴可及的！回顧

過往一路走來到現在，我原本也只是一隻除了西班牙語什麼都不會的小菜鳥，正是因為能勇敢的踏出每一步去追夢，才讓我一直不斷為自己的人生開創出新的機會。

也有朋友覺得現階段的我很成功，告訴我「現在的你正在發光發熱，要把握這個時機好好的衝刺！」我當下聽完其實覺得不太對勁，因為我並不覺得現階段的我才成功，而是認為每一個階段的我都很成功、都在發光發熱！我欣賞每一個時期的自己，不管是在墨西哥、在西班牙、在臺灣，我都一直努力為自己的目標衝刺著；對我來說，每一個時期的我散發的光芒都是一樣的炙熱。我這才發現：我是因為先全力以赴了之後，才發光發熱；而不是因為先發光發熱了，才要全力以赴。

你也會發現，我在每完成一個階段的目標和夢想後，就又會找到新的目標往下一個方向邁進。這些人生經驗看似無敵跳 tone，卻是一個又一個環環相扣的劇情，那些原本對人生抱持的疑惑和困惑，都在一路上漸漸獲得線索、方法和解答。還記得我最初想要在西班牙一邊生活、一邊工作的夢

想嗎？現在的我已經成為了遠距工作者，等工作室和疫情都更穩定之後，就能在臺灣和西班牙之間來回旅行、工作和生活。當一個真真實實的數位遊牧工作者，就是我的下一個終極目標。

這一本書正是想激勵大家，只要你願意行動，再平凡無奇的人都有機會為自己的人生創造各種神奇的經歷。我相信每個人來到地球都帶著一種使命，只不過在遊戲的一開始，宇宙根本沒打算要讓你知道自己背負的是什麼樣的使命，而這也正是整個人生遊戲中最有趣也最好玩的環節。你一路上一定會冒出各種有創意的想法，那個直覺正是宇宙要給你的提示。唯有聆聽自己的想法勇敢往前行動、盡情地體驗人生，你才能夠不斷接收一個一個接踵而來的新提示，往更高處前進，同時創造更多不可思議的高峰，成為自己人生的創作者！